Gestão de pessoas: conceitos e estratégias

SÉRIE GESTÃO EM FOCO

Lucia Maria Kops
Selma França da Costa e Silva
Sonia Mara Thater Romero

Gestão de pessoas: conceitos e estratégias

EDITORA intersaberes

Av. Vicente Machado, 317 . 14º andar
Centro . CEP 80420-010 . Curitiba . PR . Brasil
Fone: (41) 2103-7306
www.editoraintersaberes.com.br
editora@editoraintersaberes.com.br

Conselho editorial	Editor-chefe
Dr. Ivo José Both (presidente)	Lindsay Azambuja
Drª. Elena Godoy	Editor-assistente
Dr. Nelson Luís Dias	Ariadne Nunes Wenger
Dr. Ulf Gregor Baranow	Projeto gráfico
	Raphael Bernadelli
	Capa
	Igor Bleggi

1ª edição, 2013.

Foi feito o depósito legal.

Informamos que é de inteira responsabilidade das autoras a emissão de conceitos.

Nenhuma parte desta publicação poderá ser reproduzida por qualquer meio ou forma sem a prévia autorização da Editora InterSaberes.

A violação dos direitos autorais é crime estabelecido na Lei nº 9.610/1998 e punido pelo art. 184 do Código Penal.

Dados Internacionais de Catalogação na Publicação (CIP)
(Câmara Brasileira do Livro, SP, Brasil)

Romero, Sonia Mara Thater
  Gestão de pessoas: conceitos e estratégias/Sonia Mara Thater Romero, Selma França da Costa e Silva, Lucia Maria Kops. – Curitiba: InterSaberes, 2013. – (Série Gestão em Foco).

  Bibliografia.
  ISBN 978-85-8212-699-8

  1. Administração de pessoal I. Silva, Selma França da Costa e. II. Kops, Lucia Maria. III. Título. IV. Série.

12-11940   CDD-658.3

Índices para catálogo sistemático:
  1. Gestão de pessoas: Administração de empresas 658.3

As autoras dedicam este livro aos leitores que buscam ampliar os conhecimentos sobre pessoas e acreditam que a gestão de pessoas nas organizações, por meio do investimento no capital intelectual, é um caminho para sobreviver e competir no complexo e dinâmico mundo pós-moderno.

Muitas foram as pessoas que nos apoiaram nesta obra.

Agradecemos a todas que de forma direta se preocuparam e se envolveram para trazer o melhor do conhecimento acadêmico e pragmático no campo da gestão de pessoas.

Agradecemos especialmente à professora mestre Jeanete Maria Pilger, grande incentivadora e dedicada gestora de pessoas.

*A educação pode nos tornar melhores,
senão mais felizes,
e nos ensinar a assumir a parte prosaica
e viver a parte poética de nossas vidas.*
- Edgar Morin, 2000

Sumário

Apresentação, XI

(1) Visão geral e evolução da gestão de pessoas, 13

    1.1   Gestão de pessoas no Brasil, 24

(2) A gestão estratégica de pessoas, 29

    2.1   Políticas de gestão de pessoas, 39

(3) Sistemas de gestão de pessoas, 47

    3.1   Sistema Agregar, 52

(4) Sistemas de aplicação e recompensas, 63

    4.1   Sistema Aplicar, 66

    4.2   Sistema Recompensar, 70

(5) Sistemas Desenvolver, Manter e Monitorar, 77

    5.1 Sistema Desenvolver, 80

    5.2 Sistema Manter, 85

    5.3 Sistema Monitorar, 88

(6) Tendências e desafios na gestão de pessoas, 93

    6.1 Principais tendências, 96

    6.2 Principais desafios da gestão de pessoas, 102

(7) Gestão por competências, 107

    7.1 Conceitos de competência, 111

    7.2 Dimensões da competência, 114

    7.3 Competências individuais e organizacionais, 116

(8) Gestão do conhecimento e aprendizagem organizacional, 121

    8.1 Gestão do conhecimento, 124

    8.2 Conceitos principais, 126

    8.3 Dimensões do conhecimento, 129

    8.4 Modelo de gestão do conhecimento, 130

    8.5 Aprendizagem organizacional, 133

(9) Gestão da qualidade de vida no trabalho (QVT), 139

    9.1 Problemas de saúde ocupacional, 142

    9.2 Manutenção da QVT, 148

    9.3 Modelos de QVT, 150

    9.4 Programas de QVT, 151

(10) Ética na gestão de pessoas, 155

    10.1 Problemas éticos nas organizações, 158

    10.2 Assédio nas organizações, 160

    10.3 Gestão da diversidade e relações de gênero, 163

Referências, 171

Gabarito, 175

Apresentação

Este livro apresenta o esforço de um grupo de professoras que se dedicam a pesquisar e a promover aprendizagens na área da gestão de pessoas. Os conteúdos apresentados expressam os fundamentos do eixo de conhecimento e se propõem a auxiliar aqueles que optaram pela sua formação voltada ao trabalho com pessoas.

O Capítulo 1 introduz a síntese conceitual do campo de estudo da referida área, esclarecendo a evolução da gestão de pessoas, ao promover a apresentação do tema de forma explicativa. A gestão estratégica de pessoas é descrita, por meio de distintas políticas, no Capítulo 2. A análise sobre os sistemas de gestão de pessoas é apresentada no Capítulo 3, com o detalhamento do Sistema Agregar. O Capítulo 4 descreve a avaliação e a recompensa de colaboradores, pelos sistemas Aplicar e Recompensar. A discussão sobre o desenvolvimento, a manutenção e o monitoramento de pessoas é realizada no Capítulo 5, por meio de indicações sobre cada sistema.

No Capítulo 6, são analisadas as tendências na gestão de pessoas que provocam desafios na atualidade, em busca de alternativas de superação. A gestão por competências e suas estratégias de ação são demonstradas no Capítulo 7. A aprendizagem organizacional e a gestão do conhecimento são conceituadas e explicadas a partir de distintas posições no Capítulo 8.

No Capítulo 9, faz-se o detalhamento da gestão da qualidade de vida no trabalho, por meio de modelos, processos de manutenção e superação de problemáticas. Finalmente, no Capítulo 10, discute-se o significado da ética na gestão de pessoas, enfatizando a importância desta nas várias situações dos ambientes organizacionais.

Ao longo dos capítulos desta obra, foram inseridas ideias consideradas essenciais para a aprendizagem abrangente da gestão de pessoas, inclusive com ilustrações e exercícios que completam a proposta sobre esta área de conhecimento.

Desejamos um bom trabalho a todos e que as contribuições apresentadas aqui sirvam de trilhas para aprendizagens atualizadas sobre gestão de pessoas.

(1)

Visão geral e evolução
da gestão de pessoas (GP)

Sonia Mara Thater Romero doutora em Psicologia, especialista em Administração de RH e Metologia de Ensino e graduada em Pedagogia, todos pela pela Pontifícia Universidade Católica do Rio Grande do Sul (PUCRS), bem como mestre em Administração pelo Programa de Pós-Graduação em Administração da Escola de Administração da Universidade Federal do Rio Grande do Sul (PPGA/UFRGS).É autora dos livros: "Dinâmicas de grupo, histórias, mensagens, músicas, filmes e muitas atividades" e "Gestão inovadora de pessoas e equipes".

Selma França da Costa e Silva possui formação em Educação e especialização em Psicologia pela Universidade Católica de Pernambuco (Unicap) e doutorado em Psicologia pela Pontifícia Universidade de Salamanca. Coautora do livro "Pedagogia em Conexão" e de pesquisas na área de gestão de pessoas e relações humanas.

Sonia Mara Thater Romero
Selma França da Costa e Silva

Este capítulo apresenta os principais conceitos envolvidos na gestão de pessoas (GP), bem como a evolução dessa área, tendo como objetivo introduzir o aluno no campo de conhecimento da área.

Inicialmente, é importante identificar a diferença entre organizações e empresas. Neste trabalho, é aplicado sempre o termo *organização* em vez de *empresa*. Conceitualmente, a palavra *organização* é muito mais completa, uma vez que empresas dividem-se somente em públicas e privadas; já organizações envolvem todo o tipo de instituição social.

Sobre o conceito de organização, Barnard (1971, p. 36--37) escreveu, em 1938, que "as organizações formais podem ser mais facilmente descritas do que cuidadosamente definidas", referindo-se à dificuldade em definir o termo. Em 1957, Simon (1970, p. XIV) definiu: "o termo organização refere-se ao complexo sistema de comunicações e inter-relações existentes num grupamento humano". Atualmente, Chiavenato (1993, p. 197) ressalta que "Organização denota qualquer empreendimento humano, moldado intencionalmente para atingir determinados objetivos". Portanto, pode-se entender ORGANIZAÇÃO como QUALQUER ENTIDADE SOCIAL, empresa pública, privada, comercial ou bancária, indústria, instituição de ensino, conselho, federação, fundação ou outro órgão público, no qual as pessoas se inter-relacionam e interagem para alcançar objetivos específicos.

Em primeiro lugar, as organizações precisam das pessoas e as pessoas precisam das organizações. As organizações procuram alcançar resultados e as pessoas buscam alcançar objetivos. Portanto, é importante que essa relação seja proveitosa para ambos os lados, ou seja, uma relação ganha-ganha.

A área de GP, antigamente denominada *administração de recursos humanos* (ARH), pode ser considerada como uma área CONTINGENTE E SITUACIONAL, que mantém uma interação entre o ambiente interno e externo da organização. Essa área envolve conceitos de várias ciências sociais e humanas, como a psicologia organizacional, medicina do trabalho, sociologia, educação e outras, cada uma contribuindo com aspectos que envolvem a plena gestão de pessoas. Adaptando o conceito de Milkovich e Boudreau (2000), pode-se conceituar a GP como:

> *Gestão de pessoas é o conjunto de decisões integradas sobre as relações de emprego que influenciam a eficácia dos colaboradores/servidores e das organizações.*

Outros autores apresentam conceitos diferenciados, porém, sempre traduzem a forma de gerenciar pessoas. Segundo Dessler (2003, p. 2), a ARH "é o conjunto de políticas necessárias para conduzir os aspectos relacionados às pessoas no trabalho de gerenciamento [...] e ao oferecimento de um ambiente seguro aos funcionários da empresa".

Por outro lado, Dessler (2003) apresenta que gestão de pessoas é uma função administrativa, desse modo, todas as pessoas que ocupam cargos de comando são gestores de pessoas porque todas estão envolvidas em atividades como recrutamento, entrevistas, seleção, avaliação de desempenho e treinamento. Para os autores Robbins e Decenzo (2001, p. 9), "[...] em geral encontramos, num típico departamento de RH, quatro áreas distintas: contratação, treinamento e desenvolvimento, remuneração/benefícios e relações com os empregados".

Uma nova visão é a denominação dessa área como *gestão de pessoas*. Essa expressão envolve não somente as práticas e as políticas, mas também uma visão estratégica de pessoas, ligada ao negócio da organização, que é o novo papel da área de pessoas nas organizações. Esse novo papel implica perceber as pessoas como parceiras da organização, e não mais como recurso; por essa razão, a ARH passa a usar a denominação *gestão de pessoas*, inicialmente porque pessoas não são administradas, mas, sim, gerenciadas; e também porque não são recursos, mas pessoas com toda a complexidade e subjetividade que lhes são inerentes. O quadro a seguir apresenta as diferenças entre as visões, com base em Chiavenato (2004).

Quadro 1.1 – *Gestão de pessoas como recursos humanos e parceiras da organização*

Pessoas como recursos	Pessoas como parceiras
1. Preocupação com normas	1. Preocupação com resultados
2. Subordinação à chefia	2. Foco no cliente interno e externo
3. Ênfase na tarefa	3. Visão sistêmica e integrada
4. Responsabilidade	4. Comprometimento
5. Mão de obra	5. Capital intelectual

Fonte: Adaptado de Chiavenato, 2004, p. 6.

Os primórdios da evolução da ARH para a área de gestão de pessoas remontam ao entendimento das pessoas somente como recursos. Inicialmente, a PSICOLOGIA INDUSTRIAL ocupa-se da área de GP preocupando-se apenas com a seleção e a colocação profissional por meio de testes psicológicos. Schultz e Schultz (1992) salientam que a necessidade de avaliar candidatos para empregos e corporações militares foi o marco da aplicação da ARH, deixando à deriva os aspectos comportamentais dos trabalhadores.

O início dos estudos sobre pessoas pode ser atribuído às pesquisas realizadas em 1924, por Elton Mayo, na fábrica da Western Electric Company (Schultz; Schultz, 1992; Chiavenato, 1993). Conhecidos como as *experiências de Hawthorne*, esses estudos semearam as bases da teoria das relações humanas. Os pressupostos importantes de Mayo consideram o comportamento apoiado nos grupos formais e informais e persistem até as décadas de 1950 e 1960. Depois de consolidada, a teoria das relações humanas passou a estudar a motivação, as lideranças e as redes de comunicação; assim, consolidou-se a gestão de pessoas nas organizações. Com o desenvolvimento da teoria das relações humanas, surgiu a escola das relações humanas por meio dos estudos de Kurt Lewin (1973), que tinham ênfase no grupo, nas influências sociais e no comportamento. O movimento foi tão grande que chegou a se chamar *escola da dinâmica de grupo*. O desenvolvimento dos grupos de treinamento de sensitividade embasou os estudos de Lewin e objetivou desenvolver as relações interpessoais como fundamentais à mudança social (Schultz; Schultz, 1992; Romero, 2004; Rogers, 1994). Entretanto, mesmo opondo-se ao taylorismo, a escola de relações humanas ainda recebeu críticas referentes à busca utópica de relações harmoniosas e à divisão entre o mundo do trabalho e o mundo dos afetos. Apesar disso, é inegável que essa escola marcou o enfoque humano e social nas organizações e a preocupação com a gestão das pessoas como participantes de grupos sociais (Chiavenato, 1993; Codo; Sampaio; Hitomi, 1993).

A TEORIA COMPORTAMENTAL OU TEORIA BEHAVIORISTA da administração surgiu como um movimento que veio ao encontro da forma prescritiva das teorias anteriores, principalmente da visão burocrática de organização de Max Weber, procurando adotar uma postura explicativa e descritiva. Iniciada na década de 1940, com base no clássico estudo de Chester Barnard, *As funções do executivo*, essa escola se concentrou nos processos motivacionais e nos estilos gerenciais, tentando sempre melhorar a qualidade de vida das pessoas nas organizações. Os principais seguidores foram os teóricos humanistas, como Abraham Maslow, Frederick Herzberg, Douglas McGregor e Rensis

Likert, entre outros. As contribuições da teoria comportamental, apesar da forte raiz skineriana, salientam a importância da motivação e da preocupação em conciliar os objetivos organizacionais com os objetivos dos trabalhadores (Chiavenato, 1993; Davis; Newstrom, 1996).

Um dos significativos resultados da teoria comportamental para a gestão de pessoas é o modelo de DESENVOLVIMENTO ORGANIZACIONAL (DO), surgido no fim da década de 1960, que salienta a importância da cultura e da mudança organizacional. O modelo utiliza a pesquisa e o planejamento com estratégias educacionais e procura promover mudanças em atitudes, valores e estruturas das organizações, para que elas possam se adaptar às alterações do ambiente. As técnicas mais utilizadas em DO envolvem laboratórios de sensitividade por meio dos Grupos-T e dos grupos de encontro, nos quais participam todos os colaboradores da organização, incluindo a diretoria. As críticas ao DO fundamentam-se na dificuldade em medir os resultados e no risco de se tornar um processo terapêutico (Chiavenato, 1993).

Existem também duas outras teorias organizacionais importantes para a área de gestão de pessoas: a sistêmica e a contingencial. A abordagem sistêmica de organização surgiu entre os anos de 1950 e 1968, com os estudos do biólogo Ludwig von Bertalanffy sobre a TEORIA GERAL DE SISTEMAS (TGS) (Chiavenato, 1993; Maximiano, 1997). A TGS apresentava uma visão ampla, complexa e integrada da organização, entendida como um sistema social aberto, composto por sistemas internos, interdependentes e inter-relacionados, que fazem trocas com o ambiente. O foco da TGS caracte- rizava-se pela capacidade de conciliar as necessidades dos trabalhadores com a eficácia. Essa teoria é a menos criticada entre todas; entretanto, salientam-se dificuldades na aplicabilidade. A perspectiva sistêmica, por outro lado, contribui para o entendimento global das organizações.

A ABORDAGEM CONTINGENCIAL da organização surgiu na década de 1960, inicialmente com os estudos de Tom Burns e G. M. Stalker, em indústrias inglesas. As pesquisas verificaram a relação diferente que existe entre as práticas administrativas e a influência do ambiente externo. Assim, emergiram os conceitos de organizações mecanísticas – baseadas no taylorismo, controladas, centralizadoras e burocráticas, apropriadas para um ambiente relativamente estável – e das organizações orgânicas – flexíveis, com ênfase nos princípios da teoria das relações humanas, descentralizadas, com alto grau de comunicação; indicadas para um ambiente instável. As críticas à teoria da contingência, conforme Chiavenato (1993), fundamentam-se no fato de que ela lembra o behaviorismo pela influência externa do ambiente na organização. No entanto, não podemos nos esquecer de que a teoria da contingência foi além da TGS, trazendo contribuições importantes para um enquadramento mais flexível das organizações.

Ao longo de toda a história da humanidade, sucedem-se fatos marcantes no mundo do trabalho. O século XX trouxe grandes mudanças e transformações que influenciam o comportamento das pessoas nas organizações. Pode-se visualizar, ao longo do século XX, três eras organizacionais distintas: a ERA INDUSTRIAL CLÁSSICA, a ERA INDUSTRIAL NEOCLÁSSICA e a ERA DA INFORMAÇÃO. A visão das características de cada uma permite-nos compreender as práticas de gestão de pessoas. Resumidamente, essas eras apresentam as seguintes características, conforme Chiavenato (1993, p. 34-39):

- ERA INDUSTRIAL CLÁSSICA: Surgiu logo após a Revolução Industrial e se estendeu até meados de 1950, cobrindo a primeira metade do século XX. Nessa época, desenvolveu-se a industrialização no mundo e emergiram os países desenvolvidos. As organizações passaram a adotar a estrutura burocrática, piramidal e centralizadora, com ênfase na departamentalização, na centralização das decisões hierárquicas e na valorização de regulamentos para disciplinar e padronizar o comportamento das pessoas. As mudanças foram lentas e o ambiente, conservador. A eficiência passou a ser a meta e a busca por meio de padronizações e simplificações, bem como especialização das pessoas para produzir mais com menores custos. Nesse contexto, a cultura organizacional procurava conservar as tradições e os valores. As pessoas eram consideradas recursos, da mesma forma que máquinas, equipamentos e capital, na valorização de três fatores de produção: natureza, capital e trabalho. Por essa concepção, a administração das pessoas recebeu a denominação de *relações industriais*. Os departamentos de relações industriais (DRI) atuavam como órgãos conciliadores entre a organização e as pessoas.

- ERA INDUSTRIAL NEOCLÁSSICA: Envolveu o período que se estende entre as décadas de 1950 e 1990, iniciando após a Segunda Guerra Mundial, quando o mundo começou a mudar rápida e intensamente. A velocidade da mudança aumentou progressivamente, o mercado de local passou para regional e internacional, acentuando a competitividade entre as organizações. As visões sistêmica, multidisciplinar e holística dominaram a teoria administrativa. Assim, os modelos burocrático, funcional, centralizador e piramidal se tornaram rígidos e vagarosos demais para acompanhar as instabilidades das mudanças e transformações. O novo modelo de organização matricial promoveu uma melhora na arquitetura das organizações, mas não foi suficiente, pois não conseguiu remover a rigidez da estrutura burocrática vigente. A concepção de relações industriais foi substituída por uma nova maneira de administrar pessoas, a ARH. Os departamentos de recursos humanos visualizavam as pessoas como recursos vivos e inteligentes e como fatores determinantes do sucesso empresarial. A tecnologia passou por um intenso desenvolvimento e começou a influenciar o comportamento das organizações e das pessoas.

- ERA DA INFORMAÇÃO: Período que começou no início da década de 1990 e dura até a atualidade, caracterizado pelas mudanças rápidas, imprevistas, turbulentas e inesperadas. A tecnologia da informação, integrando televisão, telefone e computador, define o mundo globalizado. A economia internacional transformou-se em economia mundial e global, tornando a competitividade intensa entre as organizações. Nessa época, tornaram-se mais bem-sucedidas as organizações capazes de tomar a informação e transformá-la rapidamente em uma oportunidade de novo produto ou serviço antes da concorrência. O capital financeiro deixou de ser o recurso mais importante, cedendo lugar ao conhecimento. Na era da informação, o colaborador migrou do setor industrial para o setor de serviços, e o trabalho manual foi substituído pelo trabalho mental, indicando o caminho para uma era da pós-industrialização baseada no conhecimento e no setor terciário. Na era da informação, as organizações requerem agilidade, mobilidade, inovação e mudanças necessárias para enfrentar as ameaças e oportunidades em um ambiente de intensa mudança e turbulência. A estrutura organizacional baseia-se em equipes multifuncionais, com foco nos negócios e resultados organizacionais. Surgiu, então, a organização virtual, que passou a funcionar sem limite de tempo ou de espaço. Os escritórios se tornaram locais coletivos de trabalhos, enquanto a administração passou a ser realizada em *home-office*, em organização interligada eletronicamente, com valorização do conhecimento e foco no cliente interno e externo.

Dessa forma, o desenvolvimento histórico da administração ajuda a entender como os colaboradores e suas reivindicações contribuem na determinação do contexto atual da GP.

(1.1)
Gestão de pessoas no Brasil

A seguir, apresentaremos a evolução da área de GP no Brasil, desde 1890 até nossos dias, com base em Gil (1996).

- DE 1890 A 1930: O século XX iniciou com cerca de 80% da população brasileira habitando o campo. O poder do proletariado era extremamente fraco, em função das poucas atividades econômicas numa economia essencialmente agrícola. Todavia, mudanças ocorreram pela presença significativa de trabalhadores europeus, que trouxeram alta conscientização política, e se instalaram, principalmente, em São Paulo e no sul do país. O movimento sindical tomou força e movimentos grevistas eclodiram, principalmente no Rio de Janeiro e em São Paulo. Contudo, a legislação trabalhista só se concretizou na década de 1930. A área de RH, nessa época, só se envolvia com cálculos de folha de pagamento e rescisões.

- DE 1930 A 1950: A partir de 1930, o cenário se alterou pelo governo de Getúlio Vargas, que valorizava as relações de trabalho e os trabalhadores. No início do primeiro ano de governo, surgiu o Departamento Nacional do

Trabalho, com melhorias na previdência social e nas condições de trabalho. As organizações precisavam se adaptar, e incluíram a seção de pessoal, de cunho legal, disciplinador e punitivo. Gil (1996, p. 23) salienta que o surgimento do movimento dos operários aconteceu na queda do Estado Novo, em 1945, e que "O direito de greve é assegurado pela constituição de 1946, embora os sindicatos continuem atrelados ao Ministério do Trabalho, observa-se a participação intensa das lideranças sindicais no fim dessa década".

- DE 1950 A 1964: Esse período apresentou mudanças importantes nas relações de trabalho. Houve um grande desenvolvimento industrial, principalmente na área automobilística. Como resultado, o proletariado era composto por trabalhadores de grandes organizações. Essas mudanças exigiam nova postura da área de gestão de pessoas, passando a se profissionalizar. A politização da classe operária era representada pelos movimentos sindicais, com federações fortes, eclodindo em 1962 na central sindical o Comando Geral dos Trabalhadores (CGT).

- DE 1964 A 1978: Em 1964, os militares assumiram o poder, depondo o Presidente João Goulart, objetivando a segurança nacional e o combate à inflação. Como consequência, os movimentos sindicais perderam força, e a classe trabalhadora ficou abafada, tensa e subjugada ao controle militar e ao Ministério do Trabalho. Aconteceu, então, de 1968 a 1973, o "milagre brasileiro", pelo grande desenvolvimento da economia do país e da modernização e crescimento das organizações. Nessa época, começou a ser valorizado o profissional de recursos humanos e o administrador de empresas. Todavia, o cenário mudou a partir de 1973, quando, ressalta Gil (1996, p. 25), o otimismo diminui e "surgem os choques do petróleo; os níveis de inflação voltam a se elevar; a mão de obra torna-se mais escassa nos grandes centros industriais e o movimento operário, abafado por toda essa década, manifesta-se novamente". Muitas organizações passaram a valorizar as atividades de gestão de pessoas, como treinamento, desenvolvimento, cargos, salários e benefícios.

- DEPOIS DE 1978: Nesse momento, as relações entre capital e trabalho ficaram extremamente tensas, a abertura política, iniciada pelo Presidente Ernesto Geisel em 1974, estimulou os trabalhadores a reivindicarem salários e condições de trabalho de forma bem mais organizada do que no passado. Os sindicatos se fortificaram nas lideranças e na unificação; foram criadas as centrais sindicais: a Central Única dos Trabalhadores (CUT), em 1983, e a Confederação Geral dos Trabalhadores (CGT), em 1986. Os processos de gestão foram afetados pelo desenvolvimento da tecnologia da informação pelos computadores. Surgiram novos modelos de gestão: a gestão participativa, o planejamento estratégico, a qualidade total e os círculos de controle de qualidade (CCQs), o *just in time* e outros, exigindo mais dos profissionais de gestão de pessoas, principalmente no desenvolvimento do treinamento organizacional.

- ANOS DE 1980 E 1990: Foi uma década crítica para o mundo e também para o Brasil, marcada pela recessão e pelo desemprego. As organizações até desativavam setores de RH, terceirizando serviços. As eleições diretas para presidente trouxeram otimismo à população; contudo, as medidas econômicas impuseram sacrifícios ao povo trabalhador, demonstrando grande ineficácia. Com baixos salários e desemprego, surgiu o trabalho secundário. A corrupção afastou o Presidente Fernando Collor de Mello, em 1992. O Estado demitiu-se do seu papel de prover o bem-estar social; as organizações precisavam de novas estratégias de sobrevivência, principalmente demitindo pessoas coletivamente, enxugando despesas e implementando *downsizing*. Todavia, novos modelos de gestão de pessoas surgiram, houve apoio à gestão do conhecimento e competências, uma vez que o empresariado percebeu que as pessoas poderiam ser um diferencial competitivo para se manterem produtivas. As pessoas passaram, então, a ser reconhecidas não mais como recursos, mas, sim, como parceiras, principalmente nas grandes organizações.

A gestão de pessoas no Brasil está assentada sobre a história política e social; desse modo, a atual valorização resulta de todo um processo de reconhecimento da importância dos colaboradores para as organizações.

(.)

Ponto final

Apesar de toda a evolução, ainda existem no Brasil vários formatos de estratégias e ações da área de GP. Existem ainda empresas pequenas, médias e familiares com fraca evolução da GP, mantendo somente controles de pessoal. Outras organizações, principalmente grandes e mais evoluídas, possuem inclusive uma diretoria de GP, com modelos de gestão do conhecimento e competências. Podemos concluir que a GP é uma das áreas mais afetadas pelas recentes mudanças que estão acontecendo. As empresas perceberam que as pessoas trazem consigo a inteligência competitiva e são colaboradoras no negócio da empresa.

Atividades

1. O conceito de organização é apresentado por inúmeros estudiosos, em diferentes obras. O ponto em comum entre eles é que uma organização é um espaço formal, no qual:
   a. pessoas trabalham e ganham sua subsistência pessoal.
   b. pessoas se inter-relacionam e interagem para alcançar objetivos específicos.
   c. pessoas trabalham e realizam funções distintas.
   d. pessoas trabalham e se organizam profissionalmente.

2. A área de gestão de pessoas (GP), antigamente denominada *administração de recursos humanos* (ARH), pode ser considerada como uma área:
   a. situacional e referencial.
   b. abrangente e profissional.
   c. referencial e profissional.
   d. contingente e situacional.

3. A partir da década de 1980, no Brasil, novos modelos de gestão de pessoas surgiram para imprimir a marca de necessidades emergentes nas organizações, com ênfase ao apoio à:
   a. gestão do conhecimento e competências.
   b. gestão de negócios e investimentos.
   c. gestão de competências e negócios.
   d. gestão do empreendimento e conhecimento.

(2)

A gestão estratégica de pessoas

Sonia Mara Thater Romero
Selma França da Costa e Silva

As mudanças rápidas e constantes caracterizam o atual ambiente das organizações e da área de gestão de pessoas (GP). Essas mudanças geram impactos significativos sobre a gestão nas organizações, levando à necessidade de repensar paradigmas e estratégias. Segundo Albuquerque (2003, p. 35), "a administração estratégica de pessoas serve como pano de fundo para promover mudanças organizacionais e instrumento adequado para dar respostas aos desafios do ambiente empresarial".

A preocupação com a ESTRATÉGIA COMO FORMA DE GESTÃO, além de ser uma temática recente, está presente nas organizações e no contexto acadêmico. Por outro lado, Albuquerque (2003, p. 36) salienta que o termo *estratégia* tem sido utilizado com vários sentidos: "ora traduzindo expectativas e anseios, ora ações prescritivas e deliberadas, ora expressando a perplexidade dos atores sociais diante da velocidade das mudanças no ambiente e de seus impactos sobre a gestão das organizações".

Dessa forma, é importante entender os conceitos de estratégia, gestão estratégica e gestão de pessoas diante de uma perspectiva evolutiva. De acordo com Albuquerque (2003, p. 36), os "primeiros passos foram dados nas décadas de 1960 e 70, tendo apresentado um notável desenvolvimento na década de 1980 e, principalmente, nos anos 90". Os principais autores, considerados clássicos nos estudos sobre estratégia, são Porter (1986, 1993) e Hamel e Prahalad (1995). Um dos primeiros marcos importantes no estudo de estratégia surgiu em 1980, com obras como *Estratégia competitiva* e *A vantagem competitiva das nações*, de Michael Porter, que apresentam conceitos inovadores, unindo estratégia e competitividade no contexto organizacional. Em meados dos anos de 1990, o livro *Competindo pelo futuro*, de Hamel e Prahalad, apresentou também conceitos inovadores sobre estratégia empresarial, entre eles ARQUITETURA ESTRATÉGICA e COMPETÊNCIAS ESSENCIAIS, em continuidade à busca de foco pelas empresas para sobreviver à competitividade. Outra contribuição significativa para o pensamento estratégico foi dada em 1998 por Mintzberg, Ahlstrand e Lampel (2000), em *Safári de estratégia*.

A seguir, apresentamos os principais aspectos do pensamento estratégico, com base em Albuquerque (2003, p. 37), divididos e agrupados conforme a natureza.

- NATUREZA PRESCRITIVA: Preocupação em como as estratégias devem ser formuladas.
  - *Design*: Estratégia como um processo de concepção.
  - Planejamento: Estratégia como um processo formal e sistemático.
  - Posicionamento: Estratégia como um processo analítico.
- NATUREZA REAL: Preocupação em como as estratégias são realmente formuladas.
  - Empreendedora: Estratégia como um processo visionário.
  - Cognitiva: Estratégia como um processo mental.
  - Aprendizado: Estratégia como um processo emergente.
  - Poder: Estratégia como um processo de negociação.
  - Cultural: Estratégia como um processo coletivo.
  - Ambiental: Estratégia como um processo reativo.
- PREOCUPAÇÃO DA ESTRATÉGIA COMO PROCESSO DE MUDANÇA.
  - Configuração: Estratégia como um processo de transformação.

De acordo com Albuquerque (2003, p. 37), é grande a dificuldade de elaborar um conceito de estratégia que englobe os diferentes significados; contudo, o conceito que o autor apresenta é o seguinte: "estratégia é a formulação da missão e dos objetivos da organização, bem como de políticas e planos de ação para alcançá-los, considerando os impactos das forças do ambiente e a competição". A atual valorização do conhecimento como vantagem competitiva exige que a estratégia da organização envolva também a estratégia da gestão de pessoas, demonstrando assim uma evolução e ampliação do conceito de estratégia. Adaptando o conceito de Albuquerque, apresentamos, no quadro a seguir, a evolução e comparação das concepções envolvendo a estrutura, as relações de trabalho e as políticas de pessoas.

Quadro 2.1 – Concepções das estratégias de controle e comprometimento

Características distintivas	Estratégia de controle	Estratégia de comprometimento
Estrutura organizacional	Totalmente hierarquizada, divisão do pensamento e da ação.	União do fazer e do pensar, *downsizing*, *empowerment*.
Organização do trabalho	Trabalho especializado, monótono e repetitivo.	Trabalho enriquecido, gerando desafios.
Sistema de controle	Ênfase em controles explícitos do trabalho.	Ênfase no controle implícito da equipe.
Relações de trabalho Política de emprego	Foco no cargo, emprego a curto prazo.	Foco na carreira flexível, emprego a longo prazo.
Nível de educação e formação requerido	Baixo, trabalho automatizado e especializado.	Alto, trabalho enriquecido pela tecnologia.
Relações empregador-empregado	Independência.	Interdependência, confiança mútua, parceria.

(continua)

(Quadro 2.1 – conclusão)

Relações com sindicatos	Confronto baseado na divergência de interesses.	Diálogo, busca da convergência de interesses.
Participação nas decisões	Baixa, decisões tomadas de cima para baixo.	Alta, decisões tomadas em equipe.
Política de gestão de pessoas	Contrata para um cargo.	Contrata para uma carreira na empresa.
Treinamento	Visa ao aumento do desempenho na função.	Visa preparar para futuras funções.
Carreira	Carreiras rígidas, especializadas.	Carreiras flexíveis de longo alcance, diferentes carreiras.
Salarial	Estrutura de cargos, alta diferenciação.	Posição da carreira e desempenho, baixa diferenciação.
Incentivos	Uso de incentivos individuais.	Incentivos grupais vinculados a resultados.

FONTE: ADAPTADO DE ALBUQUERQUE, 2003, P. 39.

A estratégia de gestão de pessoas deve seguir as etapas da estratégia corporativa, segundo Albuquerque (2003, p. 37), "baseando-se na visão do negócio para desenvolver as diversas etapas da estratégia funcional que irão integrar a estratégia da organização". Portanto, a gestão estratégica de pessoas deve estar alinhada diretamente à estratégia da organização, representada pelas funções de *staff* (diretoria, departamento ou setor de gestão de pessoas) e linha (demais gestores de pessoas). É fundamental o entendimento e a disseminação do negócio, da visão, da missão e dos valores entre todos para manter o alinhamento sistêmico e integrado.

Uma visão prática da gestão estratégica de pessoas é apresentada por Chiavenato (2004, p. 56), por meio de quatro focos estratégicos: futuro estratégico, processos, cotidiano operacional e pessoas. (Os números mostrados na figura serão explicados na sequência).

Figura 2.1 – A estratégia da gestão de pessoas

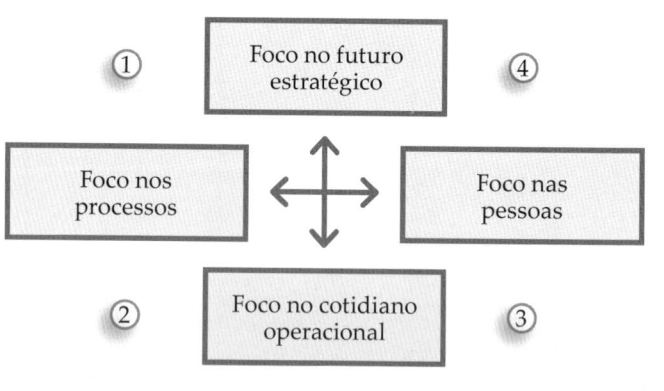

Fonte: Adaptado de Chiavenato, 2004, p. 56.

1. Administração de estratégias de GP
   - Necessidade do cliente: Estratégias empresariais e de GP eficazes.
   - Autoridade: 85% da linha e 15% da GP.
   - Função de GP: Alinhamento.
   - Papel do gestor de pessoas: Administração das estratégias de GP.
   - Competências: Conhecimento da empresa; formulação de estratégias de GP; habilidades para influenciar.

2. Administração da infraestrutura
   - Necessidade do cliente: Eficiência dos processos administrativos.
   - Autoridade: 5% da linha e 95% da GP.
   - Função de GP: Execução de serviços.
   - Papel do gestor de pessoas: Gerente da função de GP.
   - Competências: Conhecimento de conteúdo; melhoria de processos; informatização; relações com cliente; avaliação das necessidades.

3. Administração da contribuição dos colaboradores
   - Necessidade do cliente: Dedicação do colaborador.
   - Autoridade: 98% da linha e 2% da GP.
   - Função de GP: Apoio administrativo.
   - Papel do gestor de pessoas: Facilitador da relação com colaboradores.
   - Competências: Avaliação do ambiente de trabalho; desenvolvimento da relação entre administração/funcionário; gestão do desempenho.

4. Administração da transformação e das mudanças
   - Necessidade do cliente: Eficácia organizacional.
   - Autoridade: 51% da linha e 49% da GP

- Função de GP: Gestão da mudança.
- Papel do gestor de pessoas: Agente de mudança.
- Competências: Habilidades para gestão da mudança; consultoria/facilitação/treinamento; habilidades em análise de sistemas.

Analisando a figura anteriormente demonstrada, é possível explicar as quatro áreas da seguinte forma:

- ADMINISTRAÇÃO DA ESTRATÉGIA DE GESTÃO DE PESSOAS: Envolve o foco no futuro estratégico e nos processos. A função da GP é do alinhamento estratégico, por meio da assessoria e do apoio aos gestores de pessoas.
- ADMINISTRAÇÃO DA INFRAESTRUTURA DA EMPRESA: Tem foco nos processos e no cotidiano operacional; a função da GP é promover o melhor funcionamento dos seus processos administrativos.
- ADMINISTRAÇÃO DA CONTRIBUIÇÃO DOS COLABORADORES: Possui foco no cotidiano operacional e nas pessoas. Envolve o desenvolvimento de competências e o comprometimento dos colaboradores para com a organização, transformando-os em agentes empreendedores de mudanças, por meio da ação forte dos gestores.
- ADMINISTRAÇÃO DA TRANSFORMAÇÃO E DA MUDANÇA: Inclui o foco nas pessoas e no futuro estratégico. Nesse foco, a responsabilidade do setor de GP e de todos os gestores é dividida, fazendo com que contribuam juntos para a preparação da organização e das pessoas para o futuro.

Esse modelo de estratégia de GP apresenta de forma completa as responsabilidades da diretoria de GP e dos gestores de linha; é um modelo prático e participativo, voltado tanto para o ambiente interno como para o externo, contemplando uma visão sistêmica, com foco nas pessoas como vantagem competitiva.

(2.1) Políticas de gestão de pessoas

As políticas de gestão de pessoas são formulações com base no pensamento estratégico e na cultura da organização e têm como objetivo guiar a função GP dentro das organizações. As políticas ajudam na gestão das atividades dos colaboradores, guiando as ações e buscando alcançar os objetivos da organização. As políticas e as normas se diferenciam na definição e operacionalização; as políticas respondem "o que fazer?" e as normas, "como fazer?". As políticas não podem ser dispersas a ponto de não indicarem foco, assim como não podem ser tão rígidas a ponto de não se adaptarem às necessidades dos colaboradores; para tanto, devem ter as seguintes características:

- Estabilidade: Suficiente grau de permanência para evitar alterações muito grandes e seguidas.
- Flexibilidade: Possibilidade de aceitar correções, adaptações e exceções, quando necessário, sem perder a essência básica.
- Generalidade: Possibilidade de aplicação global e compreensiva para toda a organização; congruência na aplicação para todos os níveis e as áreas da organização.
- Clareza e simplicidade: Clara e simples na definição e no entendimento, redigidas de forma inteligível por todos os colaboradores.

Chiavenato (1999, p. 153-155) salienta que as políticas de gestão de pessoas referem-se à maneira como a organização pretende lidar com seus colaboradores e, por intermédio deles, atingir os objetivos organizacionais, permitindo condições para o alcance de objetivos individuais. Cada organização desenvolve as políticas de gestão de pessoas mais adequadas à sua filosofia, à sua cultura e às suas necessidades. Uma política de gestão de pessoas deve abranger o que a organização pretende acerca dos seguintes aspectos principais, com base em Chiavenato (1999, p. 156):

Políticas de provisão, suprimento ou agregação de pessoas

- Onde recrutar (fontes de recrutamento dentro ou fora da organização), em que condições e como recrutar (processo de recrutamento preferido para abordar o mercado de recursos humanos) pessoas;
- critérios de seleção de pessoas e padrões de qualidade para admissão quanto às competências cognitivas, experiência e potencial de desenvolvimento;
- como integrar os novos participantes ao ambiente interno da organização, com rapidez e eficácia;
- como lidar de forma preventiva com os problemas de rotatividade e absenteísmo e desligamentos.

Políticas de aplicação de pessoas

- Como determinar os requisitos básicos da força de trabalho (requisitos cognitivos, psicológicos, sociais e outros) para o desempenho das tarefas e atribuições dos cargos;
- critérios de planejamento, alocação e movimentação interna de pessoas, considerando-se o posicionamento

inicial e o plano de carreiras, definindo as alternativas de oportunidades futuras;
- critérios de avaliação da qualidade e da adequação das pessoas, pela gestão e avaliação do desempenho.

Políticas de remuneração de pessoas

- Critérios de remuneração direta dos participantes, tendo-se em vista a avaliação do cargo e os salários no mercado de trabalho e a posição da organização em face dessas duas variáveis;
- critérios de remuneração indireta dos participantes, tendo-se em vista os programas de benefícios sociais mais adequados à diversidade de necessidades dos cargos e considerando a posição da organização diante das práticas do mercado de trabalho;
- critérios de incentivo e participação nos lucros e resultados organizacionais, alinhados às competências e desempenho.

Políticas de desenvolvimento de pessoas

- Critérios de preparação, atualização e aperfeiçoamento constantes da força de trabalho para o desempenho de tarefas e atribuições;
- critérios de desenvolvimento de pessoas a médio e longo prazos, visando à contínua realização de potencial em posições gradativamente elevadas;
- criação e desenvolvimento de condições capazes de garantir a ética e a excelência organizacional, por meio da gestão das mudanças.

Políticas de manutenção de pessoas

- Como manter uma força de trabalho motivada, de moral elevado, participativa e produtiva dentro de um clima organizacional adequado;
- critérios relativos às condições físicas ambientais de higiene e segurança que envolvem o desempenho das tarefas e atribuições;
- manutenção de programas da qualidade de vida no trabalho (QVT), considerando aspectos desafiadores das atividades e da qualidade de vida das pessoas;
- relacionamento de bom nível com sindicatos e representações de pessoal.

Políticas de monitoração de pessoas

- Como manter um banco de dados capaz de fornecer as informações necessárias para as análises da força de trabalho;
- critérios para auditoria permanente sobre a aplicação e adequação das políticas e das normas de GP;
- ampliação de Sistemas de Informações Gerenciais (SIG) para tomada de decisão e elaboração de relatórios gerenciais.

Fonte: Elaborado com base em Chiavenato, 1999.

As políticas expressam os valores éticos da organização que governam as relações com os *stakeholders*. Com base nas das POLÍTICAS, podem-se definir os PROCEDIMENTOS ou NORMAS a serem implantados, que orientam o desempenho das atividades, cargos e funções, conforme os objetivos da organização. As normas constituem um plano permanente que serve para orientar a ação e o comportamento dos colaboradores. Visam também dar consistência à execução das atividades, garantindo um tratamento equitativo e uniforme. O Quadro 2.2 exemplifica a diferença entre políticas e normas.

Dessa forma, as corretas redação e execução prática das políticas são determinantes para que a organização possa manter a base da gestão de pessoas e planejar-se para implementar novos modelos, como gestão por competência e gestão do conhecimento.

(.)

Ponto final

A gestão estratégica de pessoas é uma forma de aumentar a vantagem competitiva das organizações. Incluir a GP alinhando pessoas ao negócio da organização é um dos grandes desafios dos gestores na atualidade. Manter os focos estratégicos em processos, operacionalização, pessoas e futuro é uma forma de as organizações se manterem competitivas. Cabe salientar a importância do gestor de pessoas, toda pessoa que ocupa cargo de comando, na condução e prática das estratégias e políticas nas organizações. Por outro lado, a formulação adequada de políticas de GP é um desafio para os gestores e uma das formas de as organizações praticarem os planos estratégicos e atingirem os objetivos propostos obtendo resultados através das pessoas.

Quadro 2.2 – Exemplos de políticas e normas de gestão de pessoas

Sistema e Subsistema	Política	Norma
Agregar: seleção	Selecionar pessoas com alto potencial, considerando o futuro aproveitamento dentro da organização.	Usar técnicas variadas, como entrevistas e dinâmicas de grupo. Admitir pessoas com escolaridade mínima de 2º grau.
Agregar: integração de novos colaboradores	Proporcionar sistematicamente a orientação adequada aos novos colaboradores para uma integração rápida e eficaz à organização, ao grupo e ao cargo ocupado.	Manter mensalmente um programa de integração para novos colaboradores; realizar visitas técnicas com todos os novos colaboradores.
Aplicar: avaliação de desempenho	Manter sistematicamente processos formais de avaliação do desempenho dos colaboradores.	Realizar avaliação de desempenho todo o final de ano, com autoavaliação e avaliação do gestor.
Recompensar: plano de carreira	Possibilitar crescimento dentro da estrutura organizacional, de acordo com o potencial e o desempenho dos colaboradores.	Promover, anualmente, no mínimo 10% do quadro funcional.

(continua)

(Quadro 2.2 – conclusão)

Desenvolver: treinamento	Proporcionar aos colaboradores constantes desenvolvimento e aperfeiçoamento, objetivando o bom desempenho na função.	Manter plano anual de treinamento e desenvolvimento (T&D), garantindo, no mínimo, uma média de 40 horas de treinamento por ano/colaborador.
Manter: qualidade de vida no trabalho (QVT)	Promover a saúde e o bem-estar dos colaboradores, por meio do programa QVT e dos programas sociais e familiares.	Manter atendimento médico periódico aos colaboradores.
Monitorar: SIG	Manter uma rede de informações de GP, condizente com a gestão e a tomada de decisão gerencial.	Alimentar constantemente o sistema de informações de GP.

Atividades

1. Na década de 1990, surgiram conceitos inovadores sobre estratégia empresarial para as organizações sobreviverem à competitividade. Entre eles estão:
   a. Competitividade estratégica e negócios.
   b. Negócios estratégicos e competitividade estratégica.
   c. Arquitetura estratégica e competências essenciais.
   d. Competências essenciais e negócios estratégicos.

2. Uma visão prática da gestão estratégica de pessoas é apresentada por quatro focos estratégicos:
   a. Futuro, processos, cotidiano operacional e pessoas.
   b. Futuro, procedimentos operacionais, competências e funções.
   c. Presente, pessoas, equipes e funções operacionais.
   d. Presente, processos operacionais, cotidiano e pessoas.

3. As políticas de GP buscam o alcance de objetivos organizacionais. Com base nas políticas, existe a orientação de desempenho das atividades, cargos e funções por meio de:
   a. metodologia ou processos.
   b. estratégias ou avaliação.
   c. normas ou métodos.
   d. procedimentos ou normas.

(3)

Sistemas de gestão
de pessoas

Sonia Mara Thater Romero
Selma França da Costa e Silva

As organizações nunca estiveram tão preocupadas com seus colaboradores como nos dias de hoje. Nesse sentido, Bohlander, Snell e Sherman (2003, p. 2) ressaltam sobre o temor de as máquinas tomarem conta das pessoas, "[...] na realidade, está ocorrendo exatamente o oposto. Nunca as pessoas foram tão importantes nas empresas quanto hoje". A área de gestão de pessoas (GP) é uma das áreas mais complexas e importantes de uma organização. Vergara (2000, p. 9) escreve que, as pessoas passam grande parte de suas vidas no trabalho e salienta também que as organizações precisam das pessoas para "definir-lhes a visão e o propósito, a escolher estruturas e estratégias, a realizar esforços de *marketing*, a administrar recursos financeiros, a estabelecer metas de produção, a definir preços e tantas outras decisões e ações".

Com a era da informação e globalização, a área de GP é aquela que mais tem passado por mudanças e desafios de gerenciar pessoas com foco na obtenção de resultados organizacionais. Para tanto, a área é composta por um conjunto de estratégias e ações que devem ser desempenhadas para garantir a eficácia organizacional. Esse conjunto de estratégias e ações pode ser denominado *sistema* ou *processo de gestão de pessoas* e estão sempre inter-relacionados e interdependentes, ou seja, toda ação que ocorre em um sistema repercute no todo.

Vários autores apresentam diferentes classificações para os sistemas de GP, como podemos ver no quadro a seguir.

Quadro 3.1 – *Sistemas de gestão de pessoas conforme vários autores*

CHIAVENATO (2004)	GIL (1996)	MILKOVICH E BOUDREAU (2000)
1. Agregar 2. Aplicar 3. Recompensar 4. Desenvolver 5. Manter 6. Monitorar	1. Suprimento 2. Aplicação 3. Manutenção 4. Capacitação e Desenvolvimento 5. Manutenção 6. Avaliação e Controle	1. Recrutamento e Seleção 2. Treinamento e Desenvolvimento 3. Remuneração 4. Relações de trabalho 5. Estrutura do trabalho

FONTE: ADAPTADO DE CHIAVENATO, 2004; GIL, 1996; MILKOVICH; BOUDREAU, 2000.

Para Chiavenato (2004, p. 15) e Gil (1996, p. 19), existem seis sistemas semelhantes em nomenclatura e ações; por outro lado, Milkovich e Boudreau (2000, p. 20) apresentam uma versão mais diversificada, contudo envolvendo aspectos semelhantes. Conforme a amplitude, os processos apresentados por Chiavenato ainda são os mais completos e usuais nas organizações, portanto esse é o enfoque adotado. Detalhando cada sistema de GP, a figura a seguir apresenta as ações e práticas da área, lembrando que é um sistema integrado e sistêmico.

Figura 3.1 – Sistemas de GP

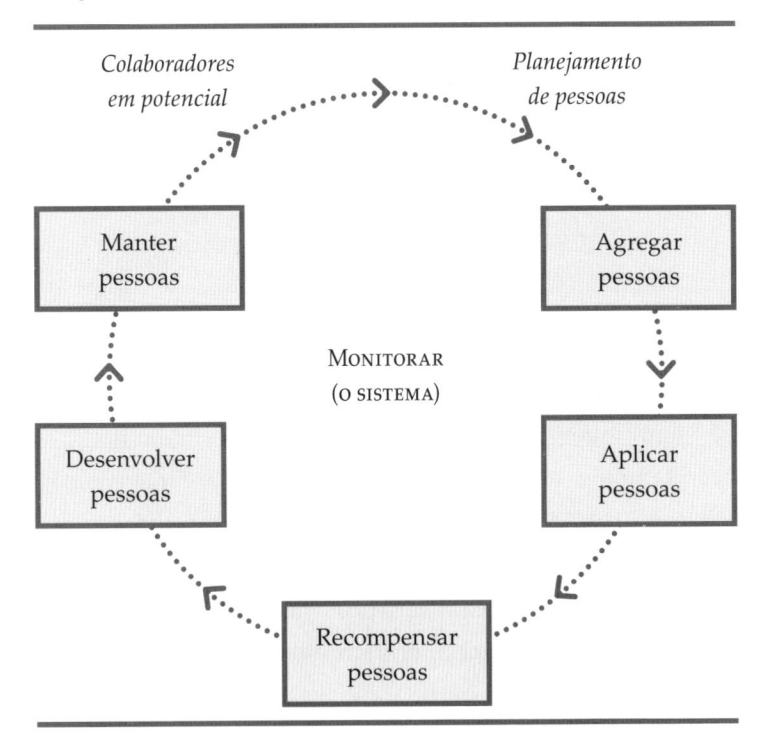

```
        Colaboradores                    Planejamento
        em potencial   ·······>·······   de pessoas

   ┌─────────────┐                      ┌─────────────┐
   │   Manter    │                      │   Agregar   │
   │   pessoas   │                      │   pessoas   │
   └─────────────┘                      └─────────────┘
          │            MONITORAR               │
          │           (O SISTEMA)              │
   ┌─────────────┐                      ┌─────────────┐
   │ Desenvolver │                      │   Aplicar   │
   │   pessoas   │                      │   pessoas   │
   └─────────────┘                      └─────────────┘
                   ┌─────────────────┐
                   │   Recompensar   │
                   │     pessoas     │
                   └─────────────────┘
```

Apresentaremos os sistemas de GP neste e nos próximos capítulos. Inicialmente, desenvolveremos o sistema Agregar, a seguir, e nos capítulos 4 e 5, apresentamos os sistemas Aplicar, Recompensar, Desenvolver e Manter.

(3.1)
Sistema Agregar

O SISTEMA AGREGAR envolve várias atividades: recrutamento, seleção, integração de novos colaboradores, rotatividade, absenteísmo e desligamentos. Esse sistema representa a entrada somente para aqueles colaboradores que unem os requisitos do cargo às suas competências e que são capazes de se adaptar à cultura da organização por meio do processo seletivo. Enquanto algumas organizações aplicam métodos avançados e sofisticados para agregar pessoas, focados na estratégia e no negócio, outras utilizam processos tradicionais, nos quais ainda predomina o enfoque burocrático. A seguir, apresentamos as ações desse processo.

Recrutamento de pessoas

Recrutamento é o processo de atrair pessoas até a organização, objetivando atingir candidatos, em potencial, que se identifiquem com a organização e com o trabalho. O recrutamento tem como objetivo, conforme Chiavenato (2004, p. 102), "divulgar no mercado as oportunidades que a organização pretende oferecer para as pessoas que possuam determinadas características desejadas". Ele serve como um meio de ligação entre o mercado de trabalho e o mercado de recursos humanos, abastecendo o processo de seleção de pessoas. Já Carvalho e Nascimento (1999, p. 78) descrevem-no: "É no contexto da identificação do ocupante do cargo que a empresa recorre ao mercado de trabalho, o qual pode ser local [...] ou regional, nacional ou até internacionalmente".

O recrutamento pode ser interno ou externo. No RECRUTAMENTO INTERNO, as vagas são preenchidas pelos colaboradores atuais, sendo promovidos ou transferidos. Já o RECRUTAMENTO EXTERNO busca candidatos de fora da organização. Carvalho e Nascimento (1999, p. 92) definem que o recrutamento interno focaliza a movimentação de pessoas dentro das organizações e pode ser feito por "transferência de empregados, promoções de colaboradores, programas de desenvolvimento de RH e planos de carreira funcional".

As principais VANTAGENS DO RECRUTAMENTO INTERNO, segundo Carvalho e Nascimento (1999, p. 92) e Chiavenato (2004, p. 114), são: a proximidade, gerando maior probabilidade de êxito na seleção, uma vez que o candidato já é conhecido e está próximo; economia e rapidez; conhecimento, pelas indicações sobre o candidato; promoção, uma vez que os candidatos reconhecem as oportunidades; e aumento do moral. Também aproveita-se melhor o potencial da organização; motiva e encoraja o desenvolvimento profissional dos atuais colaboradores; incentiva a permanência e a fidelidade dos colaboradores à organização e é ideal para situações de estabilidade e pouca mudança ambiental. Entre as DESVANTAGENS DO RECRUTAMENTO INTERNO, podemos citar: insuficiência de pessoas para a necessidade das vagas; dificuldades em conseguir aprovação dos gestores para liberar seus colaboradores; frustração dos não escolhidos, prejudicando a produtividade. O recrutamento interno pode, ainda, bloquear a entrada de novas ideias, experiências e expectativas; manter quase inalterado o capital intelectual da organização; conservar a cultura organizacional e funcionar como um sistema fechado.

RECRUTAMENTO EXTERNO é aquele em que a organização busca fora dela os candidatos que mais se encaixam às vagas exigidas. As VANTAGENS do recrutamento externo, de acordo com Chiavenato (1999, p. 116), são: introduz sangue novo na organização – talentos, habilidades e expectativas –, enriquece o patrimônio humano, pelo aporte de novos talentos e habilidades; aumenta o capital intelectual ao incluir novos conhecimentos e destrezas; renova e enriquece a cultura organizacional. Incentiva a interação da organização com o mercado e é indicado para enriquecer mais intensa e rapidamente o capital intelectual. As principais DESVANTAGENS do recrutamento externo são: afeta a motivação dos atuais colaboradores da organização; reduz a fidelidade, ao oferecer oportunidades a outros; requer aplicação de técnicas seletivas para escolha dos candidatos externos; exige esquemas de socialização organizacional para os novos colaboradores; é mais demorado, oneroso e inseguro que o recrutamento interno.

Entre as técnicas de recrutamento externo mais utilizadas estão: anúncios abertos ou fechados (jornais, revistas, TV e rádio); agências de recrutamento governamentais, Ongs (Centro de Integração Empresa-Escola – Ciee, Fundação Irmão José Otão – Fijo, Associação Brasileira de Recursos Humanos – ABRH) e particulares; escolas, universidades e agremiações; cartazes, *banners*; indicação de colaboradores; banco de candidatos e currículos espontâneos; internet; *headhunters* e intercâmbios.

Seleção de pessoas

Seleção é o processo de escolha do candidato que apresenta maior adequação ao cargo, conforme as exigências e os requisitos. Incorpora também o projeto de vida do candidato, principalmente em cargos mais elevados. As técnicas diversificadas, aplicadas no processo seletivo, buscam diminuir a imprevisibilidade e minimizar as incertezas inerentes ao preenchimento dos cargos. A seleção tem por objetivo eleger apenas algumas pessoas, entre aquelas recrutadas, que apresentam o maior número de competências (conhecimentos, habilidades e atitudes) adequadas às exigências do cargo. Carvalho e Nascimento (1999, p. 114) descrevem que a seleção "tem a finalidade central de escolher, entre os candidatos recrutados, aqueles que se revelaram mais qualificados na triagem inicial do recrutamento". Sendo assim, a seleção visa atender à necessidade de ambas as partes: de um lado a da organização, que seleciona o candidato recrutado que melhor preenche o perfil de sua busca; e do outro lado a do colaborador, que teve a oportunidade de preencher esses requisitos.

Existem algumas técnicas que são as mais aplicadas nos processos seletivos, entre elas podemos citar:

- entrevistas;
- provas de conhecimento ou capacidade – capacidade física; conhecimentos (escritos, orais e práticos);
- testes psicométricos ou de capacidade mental (aptidões mentais, visuais, fluência verbal, raciocínio, percepção espacial, psicomotoras e outras);
- testes de personalidade e levantamento de interesses (psicólogo, testes projetivos e grafologia);
- técnicas de simulação ou dinâmicas de grupo (profissional habilitado, vivências e situações).

Uma das técnicas mais aplicadas nos processos seletivos é a entrevista de seleção, que é aplicada tanto para obter informações complementares como para confirmar dados. As entrevistas podem ser realizadas com um candidato e um ou vários entrevistadores ou, ainda, com vários candidatos e vários entrevistadores. Existem alguns tipos de entrevistas de seleção, como segue:

- Tipos de entrevista conforme o processo seletivo:
  - entrevista preliminar;
  - entrevista de avaliação em profundidade;
  - entrevista admissional;
  - entrevista de desligamento.
- Tipos de entrevistas aplicadas no processo seletivo:
  - entrevista totalmente estruturada, com todas as perguntas prontas;
  - entrevista semiestruturada, com roteiro e perguntas elaboradas;
  - entrevista não estruturada, totalmente aberta, somente tópicos.

O planejamento da entrevista e o preparo do entrevistador são fundamentais para o sucesso do processo seletivo. A preparação envolve: PLANEJAMENTO – sala, técnica (currículo, descrição de cargo e roteiro), tempo; DESENVOLVIMENTO – seguir roteiro, explicar o objetivo, dar espaço para o candidato, oferecer orientações finais sobre o processo; ENCERRAMENTO – após a saída do candidato, anotar as impressões imediatamente e fazer relatórios dos entrevistados. Algumas orientações auxiliam o entrevistador na condução das entrevistas: a) estabeleça um plano da entrevista, leve a descrição de cargos, o roteiro e o currículo do candidato; b) crie e mantenha um clima positivo; c) seja um ouvinte ativo, preste atenção a pistas não verbais; d) forneça informações da maneira mais aberta e honesta possível; e) use as perguntas com eficiência; f) separe fatos de inferências; reconheça e evite preconceitos e estereótipos; g) controle o curso da entrevista, em termos de tempo e foco nos assuntos; i) encerre, fornecendo as próximas etapas e informações sobre o processo e j) anote suas percepções logo ao final de cada entrevista.

Integração de novos colaboradores

A integração é o processo de receber o colaborador que ingressa na organização propiciando uma série de informações e conhecimentos fundamentais para sua nova vida profissional. Divide-se em: a) INTEGRAÇÃO GERAL – informações sobre a organização; b) INTEGRAÇÃO NO SETOR – visita, contato com novos colegas e chefias; c) INTEGRAÇÃO NO CARGO – informações e/ou treinamento sobre as atividades que serão desempenhadas.

Geralmente, os programas de integração são encontros de duração variável, nos quais são apresentados vários temas sobre a cultura, a estrutura e o funcionamento da organização. Também é entregue o manual de integração de novos colaboradores, são projetados filmes, realizam-se visitas aos locais e se encerra o processo com um almoço.

As informações fundamentais para um programa de integração de novos colaboradores são: histórico; organograma, produtos e/ou serviços; negócio, filosofia ou princípios, missão; políticas de gestão de pessoas; normas, procedimentos, horários, pagamentos; política salarial, direitos, responsabilidades, benefícios e atividades sociais; saúde, segurança, qualidade de vida no trabalho e apresentação de gestores.

Existe ainda um programa chamado *acompanhamento de pessoal*, que é um processo que ocorre durante os primeiros meses de trabalho dos novos colaboradores. Pode ser realizado ao final de 30, 60 ou 90 dias, de modo sistemático, incluindo o instrumento de avaliação de acompanhamento funcional, vinculado ou não à avaliação de desempenho. Pode ser realizado por visitas e entrevistas com gestores e colegas do novo colaborador. Nas empresas públicas, esse processo é conhecido como *avaliação de período probatório*. É importante porque atua de modo profilático, evitando problemas de produtividade, relacionamento e motivação e aumentando o comprometimento dos colaboradores para com a organização.

Rotatividade e absenteísmo

A rotatividade, ou o *turnover*, designa a saída de colaboradores ou a flutuação de pessoal entre uma organização e seu ambiente. As causas podem ser externas ou internas: políticas de GP deficientes, problemas de relacionamento interpessoal e com gestores, baixo moral do grupo etc. É importante salientar que a rotatividade é o efeito de variáveis e gera custos para a organização, os quais envolvem gastos diretos e indiretos com registro e documentação, programas de integração, reflexos na produtividade e na própria imagem da empresa, repercutindo até em perdas de negócios e clientes. Os autores apontam que uma rotatividade média, até 3% ao ano, é considerada ainda sob controle. A fórmula para calcular a rotatividade é apresentada a seguir por Chiavenato (2004, p. 88).

Cálculo do índice de rotatividade de pessoas

$$\text{Índice de rotatividade} = \frac{n^o \text{ de colaboradores desligados}}{\text{Efetivo médio da organização}} \times 100$$

O absenteísmo, ou ausentismo, são os atrasos ou faltas ao trabalho, é a soma dos períodos em que os colaboradores estão ausentes do trabalho. As principais causas podem envolver: doença comprovada ou não comprovada; razões familiares diversas; atrasos involuntários por motivos de força maior; faltas voluntárias por motivos pessoais ou profissionais; problemas financeiros; problemas de deslocamento e transportes; baixa motivação para trabalhar; problemas com gestores ineficazes; políticas inadequadas de gestão de pessoas e busca de melhores oportunidades. O importante é que o gestor esteja atento aos problemas de rotatividade e absenteísmo, tomando medidas preventivas para manter os colaboradores comprometidos com a organização, para evitar, assim, problemas e custos desnecessários para a organização.

Desligamento de pessoal

É o processo de acompanhamento realizado durante o desligamento do colaborador da organização. Efetivado pela ENTREVISTA DE DESLIGAMENTO, a qual é utilizada para detectar as razões da saída do colaborador, previne a rotatividade e identifica focos de problemas internos. A entrevista de seleção, ferramenta gerencial para evitar a rotatividade e o absenteísmo, é utilizada em todas as modalidades de demissões (por parte da organização e por parte do colaborador). Normalmente é aplicada pela área de GP e produz relatórios gerenciais. Chiavenato (2004, p. 89) apresenta alguns itens que devem constar na entrevista de desligamento por meio de um questionário: salário, tipo de trabalho, benefícios sociais, volume de trabalho, oportunidades de crescimento e de carreira, relacionamento com gestores e colegas, reconhecimento pelo trabalho, tipo de supervisão recebida, condições ambientais e psicológicas de trabalho, oportunidades de treinamento e desenvolvimento.

A entrevista de desligamento deve registrar as razões do desligamento: se foi por iniciativa do colaborador (qual a razão predominante para isso) ou se foi por iniciativa da empresa (qual foi a razão oferecida para isso). Os resultados tratados por área ou seção e por motivos devem oferecer um diagnóstico sobre os principais motivos que levam à rotatividade na empresa, bem como oferecer meios para ações corretivas ou preventivas no sentido de reduzi-la.

(.)
Ponto final

Na era da tecnologia, tudo está em constante mudança e não poderia ser diferente dentro das organizações. Ainda que as pessoas sempre tenham sido fundamentais no ambiente empresarial, hoje elas desempenham um papel ainda mais importante para a obtenção da vantagem competitiva de uma organização por meio de suas competências e conhecimento. Dessa forma, a GP tem a função importante de obter o máximo dos colaboradores e, ainda, proporcionar um ambiente positivo e produtivo, conciliando os objetivos pessoais e organizacionais. Para tanto, existem seis sistemas ou processos que organizam as políticas e práticas de GP nas organizações: Agregar, Aplicar, Recompensar, Desenvolver, Manter e Monitorar. O sistema Agregar é a porta de entrada na organização e envolve as atividades de recrutamento, seleção, programa de integração e controles de rotatividade, absenteísmo e desligamentos.

Atividades

1. No sistema Agregar, o conceito de seleção é representado por meio de uma comparação entre duas variáveis:
    a. Demandas de oportunidades e currículo do candidato.
    b. Currículo do candidato e requisitos do cargo.
    c. Requisitos do cargo e perfil de características pessoais.
    d. Propostas de trabalho e características pessoais.

2. Na organização da entrevista e no preparo do entrevistador está depositado o sucesso do processo seletivo, cuja preparação envolve:
   a. conhecimento técnico, experiência e liderança.
   b. organização pessoal, liderança e envolvimento.
   c. metodologia, desenvolvimento e avaliação.
   d. planejamento, desenvolvimento e encerramento.

3. Para enfrentar de forma eficaz os problemas de rotatividade e absenteísmo, o gestor de pessoas deve estar atento e promover:
   a. avaliações setoriais.
   b. medidas preventivas.
   c. observações setoriais.
   d. processo de desligamento.

(4)

Sistemas de aplicação
e recompensas

Sonia Mara Thater Romero
Selma França da Costa e Silva

Os sistemas Aplicar e Recompensar são interligados assim como os demais. O sistema APLICAR envolve a definição clara das atividades que as pessoas vão desenvolver na organização, a orientação e o acompanhamento do desempenho. Inclui desenho, análise e descrição dos cargos, bem como a forma com que as pessoas serão avaliadas pelo seu desempenho. Já o sistema RECOMPENSAR inclui a forma de retorno, monetário ou não, que cada colaborador recebe em função do seu trabalho e abriga três áreas: salário, incentivos e benefícios.

(4.1)

Sistema Aplicar

Esse sistema organiza as tarefas e os cargos que as pessoas ocupam e a forma como são avaliadas pelo seu desempenho. As organizações possuem postos de trabalho que são ocupados por pessoas qualificadas e selecionadas por meio do sistema Agregar; além disso, inclui os processos de avaliação do desempenho, ressaltando a importância do conhecimento e o retorno sobre o trabalho realizado.

Desenho organizacional e desenho de cargos

Segundo Chiavenato (2004, p. 188), "Os cargos fazem parte integrante do formato estrutural da organização. Esse condiciona e determina a distribuição, configuração e o grau de especialização do cargo". Nesse mesmo sentido, Gil (1996, p. 85) aponta: "[...] quando uma organização descreve um cargo, arrola os deveres e responsabilidades que são os componentes do papel de trabalho que deve ser cumprido por seu ocupante". Portanto, o cargo é a base da realização das tarefas pelas pessoas nas organizações, envolvendo o desempenho de determinados papéis.

Nesse sentido, Chiavenato (2004, p. 189) descreve o conceito de cargo: "é um composto de todas as atividades desempenhadas por uma pessoa, que podem ser englobadas em um todo unificado e que ocupa uma posição formal do organograma da empresa". Portanto, o desenho de cargos envolve a especificação das atividades posicionadas no organograma, determinando o que a pessoa faz, quando faz (periodicidade), como faz, onde faz, sob que condições e por que faz, assim como as relações que precisa manter para desempenhar suas tarefas na organização. Carvalho e Nascimento (1999, p. 242) apresentam os conceitos importantes da área:

- *Função: conjunto de atividades que cada indivíduo executa na instituição. A função é singular, ou seja, existe uma função para cada pessoa na empresa.*
- *Cargo: conjunto de funções assemelhadas e/ou complementares, executadas por um ou mais indivíduos na instituição. O cargo é plural, ou seja, para cada cargo pode haver uma ou várias pessoas numa mesma empresa.*
- *Descrição de cargo: é o registro das funções, tarefas e responsabilidades, de forma organizada, atribuídas a uma ou mais pessoas.*
- *Requisitos: exigências necessárias que os ocupantes do cargo devem atender.*
- *Valor relativo: posição que um cargo assume em relação aos demais na estrutura de cargos, em consequência da avaliação e/ou classificação de cargos.*
- *Valor absoluto: valor do salário nominal pago ao ocupante do cargo.*
- *Estrutura de cargos: sequência ou disposição hierárquica estabelecida.*

O desenho de cargos, formalizado pelas descrições de cargos, é a relação detalhada das tarefas que a pessoa deve desempenhar. Envolve assuntos importantes, como TÍTULO DO CARGO, classificação conforme a Classificação Brasileira de Ocupações (CBO); DESCRIÇÃO SUMÁRIA, apresentando o resumo em forma descritiva das atividades e sobre como as tarefas devem ser desempenhadas; RESPONSABILIDADES sobre valores, maquinário, equipamentos e/ou pessoas; QUALIFICAÇÃO, prerrequisitos necessários, como experiência e formação; e RELAÇÕES, com quem a pessoa se relaciona em nível hierárquico, para quem ela responde e quem ela coordena. Na gestão por competências, a descrição de cargos também inclui as COMPETÊNCIAS (conhecimentos, habilidades e atitudes) requeridas para o desenvolvimento e ocupação daquele cargo específico.

Avaliação de desempenho

O processo de avaliação de desempenho envolve alguns conceitos básicos: avaliar é interpretar comportamentos observáveis em relação a um desempenho. Desempenho é a atuação do colaborador em relação ao cargo/função ocupado(a), envolvendo responsabilidades, atividades e tarefas atribuídas. Portanto, a avaliação de desempenho é um processo contínuo e sistemático, que envolve a verificação formal e metódica dos trabalhos, tarefas, atividades e resultados, desenvolvidos pelos colaboradores na organização.

Como explica Chiavenato (2004, p. 223), "na realidade, a avaliação do desempenho é um processo dinâmico que envolve o avaliado e seu gerente e representa uma técnica de direção imprescindível na atividade administrativa de hoje". Já Carvalho e Nascimento (1999, p. 242) afirmam que avaliação de desempenho faz parte da estratégia da organização na busca dos objetivos, ressaltando que "a avaliação de desempenho constitui-se numa série de técnicas com a finalidade de obter informações sobre o comportamento profissional do avaliado durante o seu desempenho no trabalho".

A avaliação de desempenho, portanto, é uma comparação entre as tarefas e as atividades que o ocupante do cargo desempenha, conforme seu potencial e as ações que ele deve ou deveria desempenhar, conforme as metas e os resultados a serem alcançados.

Os principais OBJETIVOS e RESULTADOS da avaliação de desempenho são: analisar a performance organizacional; criar banco de talentos (competências e habilidades); identificar problemas de gestão de pessoas; obter subsídios para o treinamento e o desenvolvimento; e contribuir para a adequação salarial. Para o avaliado, é a oportunidade de conhecer seu desempenho, discutir seu progresso profissional e obter melhor aperfeiçoamento e qualificação. Para o avaliador também é uma oportunidade de conhecer o desempenho formal de sua equipe, administrar conflitos, adquirir maior comprometimento das pessoas e gerar planos de capacitação.

É importante salientar que a implementação da avaliação de desempenho necessita de um projeto detalhadamente elaborado e de um adequado treinamento de todos. Enfim, para a organização, o processo de avaliação de desempenho bem conduzido aumenta os níveis de produtividade, qualidade e satisfação. As etapas para a implementação são as seguintes:

- Etapa 1: Necessidade detectada pela alta administração para implementação da avaliação de desempenho, definição de objetivos, integração da gestão do desempenho no planejamento estratégico.
- Etapa 2: Elaboração do projeto global de implementação, criação do programa de sensibilização, elaboração de cursos para avaliadores e avaliados, manuais e instrumentos, planejamento do projeto piloto.
- Etapa 3: Sensibilização do corpo funcional, reuniões para divulgação com todos os colaboradores e gestores.
- Etapa 4: Definição e treinamento de avaliadores e avaliados, aspectos técnicos (uso do instrumento) e aspectos comportamentais (regras, pecados).

- Etapa 5: Aplicação dos instrumentos (autoavaliação, avaliação pelo gestor, pares etc.), realização das entrevistas de avaliação de desempenho.
- Etapa 6: Tratamento dos dados, relatório do desempenho organizacional.
- Etapa 7: Elaboração do plano de capacitação, com base nos resultados da avaliação de desempenho.
- Etapa 8: Manutenção (anual, semestral), acompanhamento dos resultados.

Atualmente, os modelos de avaliação de desempenho 360°, por meio de indicadores sistêmicos, alinhados às competências organizacionais, em que todos são avaliados e avaliadores, são os mais modernos recursos de identificação de desempenho geral da organização.

(4.2)
Sistema Recompensar

O sistema Recompensar abrange a administração salarial do corpo funcional. Chiavenato (2004, p. 252) afirma que esse sistema proporciona incentivos e motivação "tendo em vista de um lado os objetivos organizacionais a serem alcançados e, de outro lado, os objetivos individuais a serem satisfeitos". A política de remuneração de uma organização deve atender aos custos laborais, mas, por outro, lado também deve considerar que essa é uma forma de reter os colaboradores. A remuneração total é composta por três elementos: a) remuneração básica – salário; b) incentivos salariais – bônus, participação em lucros e resultados; c) benefícios.

Remuneração e incentivos

As pessoas trabalham e investem nas organizações para alcançar determinadas expectativas. A dedicação ao trabalho e o comprometimento são investidos em função de um retorno que os colaboradores acreditam ser significativo, seja ele financeiro, seja ele não financeiro. Todas as pessoas aplicam tempo e esforço no trabalho e, portanto, recebem uma remuneração que representa a troca entre direitos e responsabilidades. Para autores como Chiavenato (2004, p. 261), o salário é, ao mesmo tempo, custo e investimento. Ele destaca que o custo é refletido no produto ou serviço final e "investimento, porque representa a aplicação de dinheiro em um fator de produção – o trabalho – como um meio de agregar valor e obter um retorno maior a curto ou médio prazo". Com esses resultados, torna-se possível fornecer um retorno às contribuições dos colaboradores e manter a sobrevivência do negócio. Na concepção de Bohlander, Snell e Sherman (2003, p. 252), a remuneração é uma função importante da gestão de pessoas porque fornece aos colaboradores uma recompensa tangível pelos serviços, além de ser fonte de reconhecimento, valorização e sobrevivência.

Nos últimos anos, as organizações estão implantando novos modelos de remuneração, mais flexíveis, tentando ser mais compatíveis com os modelos de qualidade e buscando melhores resultados organizacionais. Esses novos modelos são: remuneração por competências, o que consiste basicamente no alcance das competências organizacionais e pessoais determinadas, e remuneração por desempenho, que faz com que o colaborador receba sua remuneração atrelada aos indicadores de desempenho. Nesse sentido, na remuneração por conhecimentos e habilidades conforme o desempenho, os colaboradores desenvolvem uma visão sistêmica da organização e se tornam mais flexíveis e comprometidos, bem como aptos a desempenhar outros papéis no seu trabalho. Os gestores de pessoas têm como papel acompanhar os processos de remuneração e incentivos, estudando novos formatos que atendam e conciliem as necessidades das pessoas e das organizações.

Os critérios para a construção de um plano de remuneração devem considerar alguns aspectos fundamentais. Chiavenato (2004, p. 262-264) salienta como principais: a) equilíbrio interno e externo, equidade de práticas salariais, tanto em cargos do mesmo nível como em cargos comparados com outras organizações; b) remuneração fixa, em partes fixas e variáveis ou totalmente variáveis; c) valorização do desempenho ou do tempo de trabalho na organização; d) remuneração por cargo ou por pessoa, que envolve a remuneração com base somente na descrição de cargos ou a remuneração com base na gestão de competências e desempenho; e) igualitarismo ou elitismo, a tendência atual é manter maior igualitarismo na remuneração, o processo de elitismo é hierárquico, conforme os níveis de cargos; f) decisão sobre remuneração abaixo, na média ou acima do mercado, com base nas pesquisas salariais; g) remuneração aberta, indicada para culturas participativas e comprometidas ou confidencial, inclusive na entrega do contracheque; e, por último, h) centralização ou descentralização das decisões salariais. Esse aspecto é o que tende a mudar mais lentamente, a maioria das organizações descentraliza os demais sistemas de gestão de pessoas, mas mantém a remuneração centralizada, a descentralização compromete os gestores de pessoas, mas precisa de ampla maturidade organizacional.

Benefícios e serviços

Não basta somente remunerar as pessoas por suas tarefas produzidas, é preciso incentivá-las a dar o melhor de si. A remuneração fixa, representada somente pelo salário, satisfaz a alguns fatores higiênicos e dificilmente motiva os colaboradores para a melhoria contínua. Nesse aspecto, os benefícios e incentivos desempenham um papel de extrema relevância, uma vez que podem atender às necessidades motivacionais. Chiavenato (2004, p. 288) ressalta que "o benefício é uma forma de remuneração indireta que visa oferecer aos colaboradores uma base para a satisfação de suas necessidades pessoais". Já para Dessler (2003, p. 207), "benefício é todo pagamento indireto recebido por um funcionário por continuar a trabalhar na empresa". Por outro lado, muitas organizações investem em benefícios como uma forma de atenuar as tributações e proporcionar complementos da remuneração aos colaboradores.

De acordo com Chiavenato (2004, p. 318-319), os benefícios têm como principais objetivos: a) individuais – atende às necessidades dos colaboradores, proporcionando uma vida pessoal e profissional com maior qualidade e tranquilidade; b) econômicos – reduzir a rotatividade de pessoas e minimizar os custos das horas trabalhadas; funciona como uma maneira de atrair e reter pessoas na organização; c) sociais – melhorar a qualidade de vida no trabalho, oferecendo ao colaborador serviços como refeitório, transporte, lazer, gratificações, prêmios por produtividade, atividades esportivas etc.

A classificação a seguir (Quadro 4.1), com base em Chiavenato, apresenta os vários tipos de benefícios que as organizações geralmente oferecem.

Quadro 4.1 – Tipos de benefícios

Natureza	Exigibilidade legal	Objetivos
BENEFÍCIOS MONETÁRIOS Férias, 13º salário, complementação salarial e outros.	BENEFÍCIOS LEGAIS Férias, 13º salário, aposentadoria, seguro de acidentes de trabalho, auxílio-doença, salário-família, salário-maternidade e outros.	BENEFÍCIOS ASSISTENCIAIS Assistência médica, hospitalar, odontológica e financeira, serviço social, complementação de aposentadoria, seguros de vida, creche e outros.
BENEFÍCIOS NÃO MONETÁRIOS Refeitório, assistência médica, hospitalar e odontológica, serviço social e aconselhamento, clubes e agremiações, transporte, horários flexíveis e outros.	BENEFÍCIOS ESPONTÂNEOS OU NÃO LEGAIS Seguros de saúde e de vida, plano médico e odontológico, gratificações, refeições e transportes subsidiados, complementação de aposentadoria e outros.	BENEFÍCIOS RECREATIVOS Agremiações, clubes, lazer, música, academia, passeios e outros. BENEFÍCIOS SUPLETIVOS Transporte, restaurante, estacionamento, convênio para alimentação, agências bancárias etc.

Fonte: Adaptado de Chiavenato, 2004, p. 316.

Os benefícios são aspectos que proporcionam, além da complementação da remuneração, melhor qualidade de vida aos colaboradores. Atualmente, a tendência é oferecer planos de benefícios cada vez mais individualizados aos colaboradores.

(.)

Ponto final

Os sistemas Aplicar e Recompensar envolvem a manutenção dos colaboradores na organização, decidindo a ordenação das tarefas por meio da descrição de cargos; a avaliação do desempenho, pela gestão do desempenho; e as políticas de remuneração, como salários, incentivos e benefícios. Esses sistemas são cruciais para reter os colaboradores, fazendo o *feedback* sobre o desempenho e remunerando de acordo com as potencialidades de cada um. Sistemas modernos de administração salarial envolvem gestão por competências, remuneração variável e participação nos lucros e resultados. No próximo capítulo, apresentaremos os sistemas Desenvolver, Manter e Monitorar.

Atividades

1. Um processo contínuo e sistemático que envolve a verificação formal e metódica de trabalhos, tarefas, atividades e resultados desenvolvidos pelos colaboradores na organização refere-se a:
   a. seleção.
   b. treinamento.
   c. contratação.
   d. avaliação.

2. Analisar a *performance* organizacional, criar banco de talentos (competências e habilidades), identificar problemas de gestão de pessoas; obter subsídios para o treinamento e desenvolvimento e contribuir para a adequação salarial referem-se a:
   a. passos de um sistema de gestão de pessoas.
   b. objetivos e resultados da avaliação de desempenho.
   c. processos organizacionais.
   d. objetivos de um projeto institucional.

3. Remuneração básica, incentivos salariais e resultados e benefícios são elementos do sistema:
   a. Agregar.
   b. Aplicar.
   c. Recompensar.
   d. Qualificar.

(5)

Sistemas Desenvolver,
Manter e Monitorar

Sonia Mara Thater Romero
Selma França da Costa e Silva

Os sistemas Desenvolver e Manter atuam na valorização dos colaboradores para preservar o quadro funcional, desenvolvendo e treinando as pessoas e, ao mesmo tempo, cuidando da saúde, da higiene, da segurança e da qualidade de vida no trabalho. Já o sistema Monitorar, que envolve as decisões gerenciais tomadas sobre o banco de dados da gestão de pessoas, é o monitoramento sobre os sistemas, e não sobre as pessoas.

(5.1)
Sistema Desenvolver

Os processos de treinamento e desenvolvimento de pessoas representam investimentos efetuados no capital intelectual, pois envolvem atividades que visam ao desenvolvimento organizacional. O sistema DESENVOLVER é o responsável pelo capital intelectual da empresa. Nesse sistema, estão também a gestão da comunicação interna, ou *endomarketing*, gestão das mudanças e a aprendizagem organizacional.

De acordo com Chiavenato (2004, p. 339), "o treinamento é considerado um meio de desenvolver competências nas pessoas para que se tornem mais produtivas, criativas e inovadoras", a fim de fazer com que os colaboradores contribuam de maneira positiva para o alcance dos objetivos da empresa. Os principais objetivos da área de treinamento, de acordo com Marras (2000) e Lacombe (2005, p. 312), são:

- aperfeiçoar a formação profissional da pessoa, fazendo com que ela adquira um maior conhecimento em sua área de atuação, bem como conhecer o negócio, a missão, os princípios e valores da organização;
- permitir ao colaborador especialização em uma função específica, podendo otimizar os resultados de seu trabalho; o treinamento contribui para atrair e reter os profissionais;
- oferecer à pessoa atualização, aperfeiçoamento e desenvolvimento das competências, conhecimentos, atitudes e habilidades, preparando-as para assumirem novas funções e cargos.

Conceitualmente, pode-se fazer uma distinção entre treinamento e desenvolvimento, uma vez que o treinamento envolve-se mais com a preparação para a função na área operacional. Já o desenvolvimento focaliza atividades de cunho comportamental, bem como o desenvolvimento de competências. Segundo Chiavenato (2004, p. 339), o treinamento "é orientado para o presente, focalizando o cargo atual e buscando melhorar aquelas habilidades e capacidades". Por outro lado, o mesmo autor salienta sobre os aspectos envolvidos nos processos de desenvolvimento de pessoas "preparação de lideranças e *coaches*, educação corporativa continuada, gestão de aprendizagem, de novos talentos e do aprendizado organizacional" (Chiavenato, 2004, p. 208). O sistema Desenvolver é expresso pela sigla T&D (Treinamento e Desenvolvimento) e é um processo de ajuda ao colaborador para adquirir maior eficácia no desempenho de suas funções, tanto presente como futuras. Na prática organizacional, as atividades de T&D são expressas geralmente pela palavra *treinamento*.

As organizações e as pessoas estão em constante mudança; por isso, a capacitação e o desenvolvimento dos colaboradores de forma contínua e sistemática são, talvez, as mais importantes funções da área de gestão de pessoas, uma vez que pessoas bem preparadas representam um diferencial competitivo das modernas organizações. Conforme escreve Gil (2001, p. 118): "[...] muitas empresas decidiram-se pela instalação não apenas de centros de treinamento e desenvolvimento, mas até mesmo de centros educacionais e universidades corporativas".

O sistema de T&D é aquele em que as organizações continuamente desenvolvem a capacitação de seus colaboradores e pode ser entendido como um processo sistêmico e contínuo. O processo de treinamento é composto por algumas etapas básicas, como mostramos na Figura 5.1:

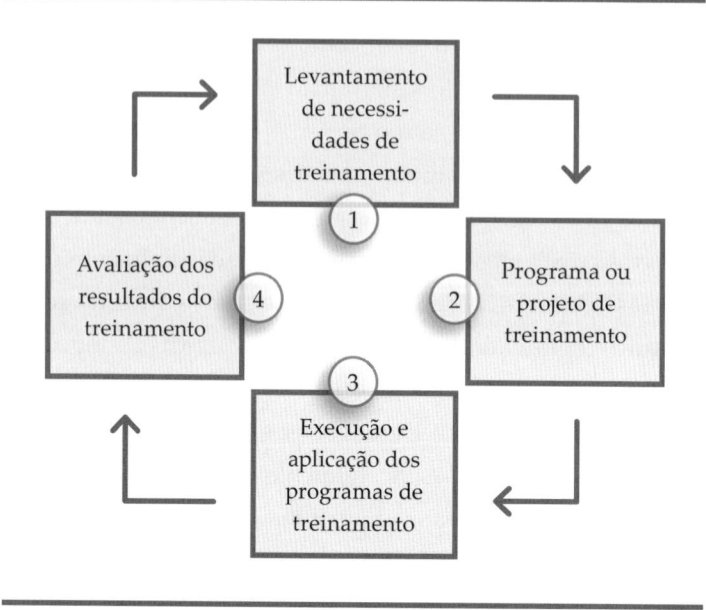

Figura 5.1 – Ciclo do treinamento e desenvolvimento

```
        ┌─────→  Levantamento    ─────┐
        │        de necessi-          │
        │        dades de             ▼
        │        treinamento
        │            (1)
   ┌─────────┐                  ┌─────────┐
   │Avaliação│                  │Programa │
   │dos      │ (4)         (2)  │ou       │
   │resultados│                 │projeto de│
   │do       │                  │treinamento│
   │treinamento│                └─────────┘
   └─────────┘       (3)
        ▲        Execução e
        │        aplicação dos
        │        programas de
        └─────   treinamento    ←─────┘
```

Inicialmente, na fase 1, é necessário que se identifique qual a real necessidade de se oferecer treinamento para as pessoas e que tipo de treinamento deve ser realizado. O ideal é a empresa fazer uma identificação ou um levantamento de necessidades de treinamento e desenvolvimento (INTD ou LNTD), o que pode ser feito por meio de um diagnóstico, tipo questionário; análise de funções ou reuniões com os gestores. O diagnóstico de necessidades de treinamento (DNT) parte do levantamento inicial das necessidades de treinamento de todos os colaboradores da organização e, geralmente, é feito anualmente. O real objetivo é descobrir as carências de preparo profissional, isto é, o *gap* entre o que o colaborador deve saber e fazer e o que ele de fato sabe e faz, visando maior qualidade e produtividade nas atividades.

A fase 2 é a elaboração do programa ou projeto de treinamento. O PROGRAMA DE TREINAMENTO é a junção de todas as necessidades, desdobradas em cursos, número de participantes por curso, número de turmas, cursos internos ou externos, instrutores internos ou externos e demais decisões. Cada evento deve ter o seu programa de treinamento. Esse processo, segundo Romero (2004, p. 208), deve conter: a) título do evento; b) objetivo; c) público-alvo, para quem se destina, quem são os participantes, se precisa de prerrequisitos ou não; d) conteúdo programático, lista dos temas ou assuntos que serão abordados em ordem sequencial; e) período, data, duração total em horas ou hora-aula; f) local do evento, interno ou externo; g) metodologia, forma de desenvolvimento, didática do curso, técnicas que serão aplicadas; h) recursos audiovisuais (projetor multimídia, quadro-verde, *flip-chart*) e instrucionais (livro ou apostila); i) avaliação, tipo de avaliação aplicada, avaliação de reação e de aprendizagem; j) instrutor, que vai ministrar o curso, assim como um currículo de cinco linhas.

Já o PROJETO DE TREINAMENTO é um pouco diferente. É indicado para processos de mudança organizacional que envolvem vários participantes e cursos modulares, como, por exemplo, implantação da informatização na empresa, implementação do programa 5Ss, e outros.

Após a elaboração de todos os programas de treinamento, passa-se à fase 3, EXECUÇÃO E APLICAÇÃO. Essa fase é realizada com base no plano de treinamento, um roteiro que apresenta todos os programas que serão desenvolvidos na organização. Nesse momento, contratam-se instrutores, internos ou externos, providenciam-se reserva de salas, reprodução de materiais e demais atividades inerentes, bem como o acompanhamento e o tratamento dos dados e divulgação da avaliação de reação.

A fase 4 e última é a AVALIAÇÃO DO TREINAMENTO desenvolvido; envolve os indicadores quantitativos, como investimentos e retornos, número de cursos realizados, número de pessoas treinadas, número de horas de treinamento e outros. Essa fase é um levantamento organizacional sobre os resultados do T&D.

Cabe lembrar que a maioria das organizações está utilizando instrutores internos, que necessitam de sólida formação em cursos específicos para instrutores, que alinham conhecimentos dos processos andragógicos. A andragogia é o treinamento de adultos, público-alvo do treinamento organizacional. Sobre a andragogia, diferenciando-a da educação de crianças, jovens e adultos, Romero (2004, p. 20) salienta que o adulto "está participando (foi convidado ou convocado) de um evento (curso, palestra etc.) em que os resultados serão aplicados, de uma forma mais direta ou não, na sua atividade profissional".

As funções de um instrutor de treinamento organizacional são várias. Romero (2004, p. 23-24) aponta algumas: a) efetivar o processo ensino-aprendizagem, desenvolvendo competências e promovendo mudanças de comportamento nos treinandos; b) estabelecer uma relação horizontal com o grupo, valorizando as experiências profissionais; c) propiciar um clima agradável e estimulante; d) ajudar o desenvolvimento do treinando por meio da autogestão e construção do conhecimento; e) colaborar no planejamento, elaborar planos de aula e de cursos, apostilas e demais materiais; desenvolver e avaliar os cursos; f) manter-se constantemente atualizado na área andragógica e didática, com novas tecnologias educacionais.

(5.2)
Sistema Manter

O sistema MANTER envolve saúde física e mental, higiene, segurança, medicina do trabalho, qualidade de vida no trabalho e relações com os colaboradores. É um sistema que busca manter e reter os colaboradores em um clima positivo de preocupação com a qualidade de vida. "Os processos de manutenção das pessoas existem para manter os participantes satisfeitos e motivados e para assegurar condições físicas, psicológicas e sociais de permanecer na organização, obter seu compromisso e de vestir a sua camisa" (Chiavenato, 2004, p. 326).

Higiene, segurança e qualidade de vida no trabalho

Do ponto de vista da gestão de pessoas, a saúde e a segurança dos empregados formam uma das principais bases para a preservação íntegra dos colaboradores. Chiavenato (2004, p. 430-437) conceitua:

> *a higiene do trabalho está relacionada com as condições ambientais de trabalho que assegurem a saúde física e mental e com as condições de saúde e bem-estar das pessoas. [Por outro lado,] [...] a segurança no trabalho está relacionada com a prevenção de acidentes e com a administração de riscos ocupacionais.*

Milkovich e Boudreau (2000, p. 481) fazem menção sobre os riscos para a segurança que "são aqueles aspectos do ambiente de trabalho que têm potencial de causar um acidente imediato e, às vezes, violento, a um empregado". Falam também sobre os riscos para a saúde, os quais "são aqueles aspectos do ambiente de trabalho que, vagarosa e cumulativamente (e, em geral, irreversivelmente), levam à deterioração da saúde de um empregado". Esses tipos de problemas são os que a área de segurança do trabalho deve gerenciar com medidas de prevenção que incluam estudos sobre ergonomia, treinamento e educação continuada, bem como a conscientização do uso de equipamentos de proteção individual (EPIs).

A qualidade de vida no trabalho (QVT) trata da preocupação com o bem-estar geral dos colaboradores, envolvendo aspectos físicos, psicológicos e sociais do local de trabalho, bem como atividades desafiantes e variadas. É necessário que as organizações desenvolvam programas para implementar pesquisas, estratégias e ações, bem como a manutenção da QVT no local de trabalho. Portanto, a manutenção da saúde, higiene, segurança e qualidade de vida são itens primordiais para a gestão de pessoas, uma vez que os colaboradores tornam-se mais motivados e produtivos, evitando gastos desnecessários com adoecimentos e mantendo um clima propício ao comprometimento e à satisfação.

Nesse sistema, podem-se citar também as ações de responsabilidade social que as organizações mantêm; trata-se de um conceito complexo, com significados diferentes. Todavia, preservar o meio ambiente e apoiar e promover o desenvolvimento da comunidade não é suficiente para que a empresa seja atribuída como socialmente responsável. Melo Neto e Froes (2002, p. 78) acreditam que "é necessário investir no bem-estar dos seus funcionários e dependentes e num ambiente de trabalho saudável, além de promover comunicações transparentes, dar retorno aos acionistas, assegurar sinergia com seus parceiros e garantir a satisfação dos seus clientes e/ou consumidores". Para tanto, os referidos autores apontam sete vetores de responsabilidade social das organizações (2002, p. 78): a) apoio ao desenvolvimento da comunidade em que atua; b) preservação do meio ambiente; c) investimento no bem-estar dos colaboradores e seus dependentes e num ambiente de trabalho agradável; d) comunicações transparentes; e) retorno aos acionistas; f) sinergia com os parceiros; e g) satisfação dos clientes e/ou consumidores. Portanto, a responsabilidade social é uma nova maneira de conduzir os negócios, fazendo com que as organizações tornem-se corresponsáveis pelo desenvolvimento social, englobando preocupações com os públicos-alvo. A ética é a base da responsabilidade social, expressa pelos valores e princípios da organização, mantendo coerência entre discurso e ação.

Relações com colaboradores

O aspecto de primordial importância das organizações são os relacionamentos entre estas e os colaboradores. Na visão de Milkovich e Boudreau (2000, p. 473), "as atividades de relacionamento com os empregados são aquelas que visam criar um clima de confiança, respeito e cooperação". Essas atividades incluem a comunicação (manutenção de canais abertos e comunicação transparente), a cooperação (processo de decisão participativa), a proteção (manutenção de locais de trabalho seguros e ambientes físicos e psicológicos agradáveis) e a assistência (apoio e suporte em situações difíceis). Também fazem parte dessas relações a disciplina (regras claras e códigos de ética divulgados e praticados) e a administração dos conflitos, tanto internos como externos, bem como as relações sindicais, hoje fracamente mantidas.

Hoje, as organizações não estão apenas preocupadas com as relações organização-colaborador, mas também incluem o relacionamento colaborador-família, pois, com esse aspecto, há maior possibilidade de manter as pessoas satisfeitas no trabalho. Os gestores precisam de suporte e apoio da área de gestão de pessoas (GP) para lidar com todos os tipos de problemas nas relações com os colaboradores. O estresse do mundo atual acarreta problemas de convivência que adentram no mundo do trabalho, gerando insatisfações e baixando a qualidade e a produtividade. Por outro lado, surgem novas estruturas de trabalho, como horários flexíveis, *home-office*, semana de trabalho compactada e rotação de funções, desafiando e trazendo novas relações entre colaboradores e gestores.

(5.3)
Sistema Monitorar

MONITORAR significa *acompanhar e gerenciar todos os sistemas anteriormente citados*. Chiavenato (2004, p. 458) apresenta o conceito de monitorar: "monitorar significa acompanhar essas operações e atividades para garantir que o planejamento seja bem executado e que os objetivos sejam alcançados adequadamente". Então, o sistema Monitorar nada mais é do que a gestão integrada e informatizada de todos os sistemas que fornecem o apoio necessário à tomada de decisão por parte dos gestores de pessoas. É composto pelo banco de dados e sistema de informações gerenciais (SIG).

Banco de dados e SIG

O banco de dados da gestão de pessoas é um conjunto de informações integradas e simultâneas sobre os colaboradores, que, cruzadas, podem gerar relatórios para apoiar as movimentações de pessoal, como promoções, transferências, recolocações e demissões. Como explica Chiavenato (2004, p. 465), "o banco de dados funciona como um sistema de armazenamento e acumulação de dados devidamente codificados e disponíveis para o processamento e obtenção de informações".

Já o SIG é mais complexo e completo e pode ser conceituado como um sistema planejado que consegue processar, armazenar e disseminar informações sobre os colaboradores, servindo de apoio às tomadas de decisões pelos gestores. A tendência é o uso das redes locais, como *intranets*, que permitem acesso a um grande volume de informações. Essas redes também estão alinhadas ao planejamento estratégico da organização, gerando relatórios sobre todos os assuntos da área de gestão de pessoas. Existem também os sistemas de informação aos colaboradores, que permitem o acesso de informações sobre a situação profissional, como dados da folha de pagamento, treinamentos realizados, planejamento de férias e demais informações. Esses sistemas de informações exigem treinamentos e investimentos em *software* com uso da tecnologia da informação, contudo o retorno contribui com eficácia pela rapidez de acesso às informações pelos gestores, agilizando as tomadas de decisões gerencias.

(.)

Ponto final

Os sistemas DESENVOLVER e MANTER são fundamentais na gestão de pessoas porque desenvolvem o capital intelectual, mantêm a vantagem competitiva e retêm as pessoas nas organizações. Investimentos em T&D planejados traduzem a valorização dos colaboradores e contribuem para o aumento da produtividade. Programas de qualidade de vida no trabalho e de boas relações com os colaboradores são importantes para gerar motivação e satisfação nas relações de trabalho. Já o sistema MONITORAR é a integração e gestão das informações gerenciais, fornecendo o apoio necessário aos gestores de pessoas para as tomadas de decisões que afetam o desempenho dos colaboradores nas organizações.

Atividades

1. O sistema DESENVOLVER é o responsável por:
   a. capitalização e lucros.
   b. capital intelectual da empresa.
   c. capital financeiro da organização.
   d. capitalização e dividendos.

2. O T&D é um .... de ajuda ao colaborador para adquirir maior eficácia no .... de suas funções, tanto presente como futuras, preparando também a pessoa para ocupar outros cargos.
   a. Processo/desempenho.
   b. Desempenho/comportamento.

c. Comportamento/processo.
d. Sistema/comportamento.

3. A saúde física e mental, higiene, segurança, medicina do trabalho, qualidade de vida no trabalho e relações com os colaboradores se referem ao sistema:
   a. Aplicar.
   b. Desenvolver.
   c. Manter.
   d. Agregar.

(6)

Tendências e desafios na gestão de pessoas

Sonia Mara Thater Romero
Selma França da Costa e Silva

A sociedade atual pós-moderna vem passando por inúmeras transformações que afetam as pessoas e as organizações. As mudanças tendem a ser cada vez mais constantes, exigindo uma grande e incessante flexibilidade de adaptação. Conforme Romero (2006a, p. 92), o impacto alcança vários campos: a) área ecológica, meio ambiente e autossustentabilidade; b) área tecnológica-informacional, por meio do mundo virtual da internet; c) área familiar com diversos formatos; d) área espiritual, busca de religiosidade/ espiritualização; e) área de conhecimento, genoma humano, clonagens, inteligências emocional e múltiplas; f) área acadêmica, descentralização e multiplicação de cursos de nível superior, principalmente no Brasil; g) área organizacional, novas formas de gestão, como gestão do conhecimento, da diversidade, das competências, universidades corporativas e educação a distância (EaD).

(6.1) Principais tendências

O novo milênio pode ser chamado de *era da informação* e *século do conhecimento*. Entretanto, paradoxalmente, Romero (2006a, p. 93) salienta que "os avanços desenfreados da tecnologia e o advento da informática deixam um abismo entre os relacionamentos". As violências urbana e familiar demonstram que ainda não houve evolução dos aspectos intrapsíquicos e intrapessoais, uma vez que as pessoas apresentam dificuldades em lidar adequadamente com as emoções.

Nas organizações, a globalização, o desenvolvimento tecnológico, a necessidade de reduzir custos, a ênfase no cliente e a qualidade geram impactos que afetam diretamente a área de gestão de pessoas (GP). A busca constante por qualidade e competitividade exige muito mais das organizações para se manterem produtivas. A GP, hoje, tem um papel crucial na medida em que se propõe a assessorar estrategicamente a estrutura organizacional com novas ideias e valores que resgatam a importância das pessoas como vantagem competitiva.

O Programa de Estudos em Gestão de Pessoas da Fundação Instituto de Administração, conveniada à Faculdade de Economia, Administração e Contabilidade da Universidade de São Paulo (FIA/FEA/USP) realizou uma pesquisa objetivando identificar quais as principais tendências da GP. A pesquisa mostrou que 82,3% dos entrevistados consideram o maior desafio da GP alinhar pessoas, desempenho e competências humanas às estratégias do negócio e objetivos organizacionais. Já 69,4% pontuam o desenvolvimento e a capacitação de gestores como o maior desafio. Outros 33,3% veem como o maior desafio alinhar a gestão de pessoas às estratégias do negócio e objetivos organizacionais; e 25,3% apontam o desafio de apoiar e promover processos de mudança organizacional e direcionamento estratégico. A pesquisa buscou saber quais os princípios mais relevantes que devem orientar o modelo de gestão de pessoas. Foram considerados de altíssima relevância a gestão de pessoas contribuindo com o negócio da empresa e a gestão por competências. Outros princípios considerados importantes referem-se ao comprometimento da força de trabalho com os objetivos organizacionais, gestão do conhecimento, criatividade e inovações contínuas no trabalho, modelo de gestão múltiplo (contemplando diferentes vínculos de trabalho e relacionamento de qualidade com os colaboradores), e o autodesenvolvimento (FIA; FEA; USP, 2004).

Buscando antever mudanças na GP, com base em Chiavenato (2004, p. 515-519), apresentam-se as principais tendências da área. Algumas já estão consolidadas, outras ainda em processo, dependendo do desenvolvimento da cultura de cada organização:

- UMA NOVA FILOSOFIA DE AÇÃO: Não mais administrar recursos humanos nem administrar pessoas, mas, sim, ADMINISTRAR COM AS PESSOAS – a área de recursos humanos (ARH) cede lugar a um novo tipo de abordagem, que é a GP; com isso, as pessoas passam a ser valorizadas em toda a sua subjetividade, complexidade e diversidade. Administrar com as pessoas envolve relação de comprometimento e parceria. Com essa visão, as pessoas em todos os níveis da organização são consideradas parceiros que conduzem os negócios da empresa, utilizam a informação disponível, desenvolvem e aplicam suas competências e tomam decisões adequadas para garantir os resultados.

- ENXUGAMENTO E *DOWNSIZING* VOLTADO PARA O *CORE BUSINESS* DA ÁREA DE GP: Crescente tendência ao processo de *downsizing*: reestruturação, redução e enxugamento da área de GP ao nível estratégico, voltado ao negócio da organização. O enxugamento da estrutura organizacional da empresa, a redução de níveis hierárquicos, a descentralização das decisões, a desburocratização, a desregulamentação, o desmembramento em unidades estratégicas de negócios, os programas de melhoria contínua e de qualidade total e outras tendências das organizações são acompanhados por mudanças paralelas e equivalentes na gestão das pessoas. A redução e a flexibilização da área de GP auxiliam na busca de uma organização ágil, flexível, criativa e inovadora, com a participação e o comprometimento de todos os colaboradores.

- TRANSFORMAÇÃO DA ÁREA DE SERVIÇOS EM ÁREA DE CONSULTORIA INTERNA: A estrutura de departamentos de GP gradativamente cede lugar para unidades com foco nos clientes internos e externos. Em vez de departamentos, a GP está coordenando sistemas devido à cultura focada nos resultados. Parte das atribuições da GP está sendo transferida para terceiros, principalmente as atividades não essenciais. Desse modo, a GP passa a desenvolver o papel de consultoria e assessoria aos demais gestores de pessoas.

- TRANSFERÊNCIA DE DECISÕES E AÇÕES PARA A GERÊNCIA DE LINHA: As atividades, até então centradas na área de GP, estão sendo descentralizadas para os gestores das demais áreas (principalmente seleção, treinamento e remuneração). Gerir pessoas é um atributo estratégico, uma tarefa muito importante para ficar concentrada sob um departamento da empresa. Desse modo os gestores de linha tornam-se os gestores de pessoas ganhando total autonomia nas tomadas de decisões e ações a respeito de seus colaboradores, ficam também responsáveis pelo desenvolvimento do capital intelectual, além de receber treinamento intensivo e contínuo focado na eficácia gerencial.

- INTENSA LIGAÇÃO COM O NEGÓCIO DA EMPRESA: A GP está inserida no planejamento estratégico a fim de desenvolver as pessoas em direção ao negócio e objetivos organizacionais. Isso significa uma ênfase nos resultados, tornando os colaboradores comprometidos com as metas da organização. Passam a ser fatores fundamentais a educação continuada e os canais abertos e em rede de comunicação interna. As ações da área de GP são voltadas para os objetivos organizacionais, como a lucratividade, a produtividade, o crescimento, a qualidade, a competitividade, a inovação, a mudança e a flexibilidade.

- ÊNFASE NA CULTURA ORGANIZACIONAL PARTICIPATIVA E DEMOCRÁTICA: Promoção da participação das pessoas nos processos decisórios, programas de sugestões, *feedback*, realização de convenções e comemorações, flexibilidade para escolha das tarefas e dos métodos, trabalhos em equipe, horários flexíveis e *home-office*. O clima organizacional e a satisfação das pessoas recebem ênfase por meio de programas de qualidade de vida no trabalho. Esses programas envolvem salários adequados, benefícios individualizados, cargos e funções definidos, clima organizacional positivo, liderança eficaz, motivação, plano de recompensas e incentivo à educação continuada. Colaboradores satisfeitos trabalham melhor e produzem muito, por isso o retorno vale o investimento.

- PRÁTICAS DE MECANISMOS DE MOTIVAÇÃO E DE REALIZAÇÃO PESSOAL: Os anseios individuais das pessoas estão sendo valorizados e as organizações estão na busca de novas formas de proporcionar realização pessoal aos colaboradores. Estes são corresponsáveis pela sua carreira na organização. A prática da remuneração variável aproveita o melhor desempenho obtido, beneficiando colaboradores e organização.

- ADEQUAÇÃO DAS PRÁTICAS DE GP ÀS DIFERENÇAS INDIVIDUAIS DOS COLABORADORES: A habitual tendência de padronizar regras e procedimentos dá lugar às políticas alternativas desenhadas de acordo com as necessidades individuais dos colaboradores. Em lugar de procedimentos genéricos, a GP está oferecendo práticas alternativas, principalmente nas áreas de benefícios e T&D.

- VIRADA EM DIREÇÃO AO CLIENTE INTERNO OU EXTERNO: A GP está se voltando para o cliente, independentemente do nível organizacional, buscando a satisfação; desse modo, os treinamentos em qualidade e produtividade são contínuos e obrigatórios. Existem grupos multitarefas, e equipes autônomas, ou seja, o trabalho isolado cede lugar ao trabalho em equipe, como meio de proporcionar interação social e obtenção de melhores resultados organizacionais.

- PREOCUPAÇÃO COM A CRIAÇÃO DE VALOR PARA A EMPRESA E PARA O CLIENTE: A forte preocupação com a criação de valor na organização é o aumento de valor percebido tanto internamente quanto externamente pelos clientes. Com base no do conceito de agregar valor, cada colaborador se preocupa com o que é executado para o cliente final. O processo de agregar valor compreende aumentar a riqueza dos acionistas, a satisfação dos clientes e elevar o valor do patrimônio humano. Esse ciclo de valores proporciona um aumento da riqueza patrimonial e intelectual da organização. A GP está envolvida diretamente com a educação e com a conscientização no sentido de continuamente agregar valor dentro da organização.

- CONTÍNUA PREPARAÇÃO DA EMPRESA E DAS PESSOAS PARA O FUTURO: A GP está abandonando o comportamento passivo e seguindo uma postura participativa e voltada para o futuro, a fim de se antecipar às necessidades, com foco na visão estratégica e na busca da melhoria contínua. Entretanto, essa tendência implica também reter os colaboradores nas organizações, uma vez que se pode desenhar carreiras futuras mais individualizadas, por meio da implementação de *coach* e do gerenciamento de carreira.
- VISÃO VOLTADA PARA O AMBIENTE EXTERNO E UTILIZAÇÃO DO BENCHMARKING: A utilização intensiva do *benchmarking* como via para a melhoria dos processos e serviços reflete uma visão voltada para o ambiente externo e para o que existe de melhor fora da organização. O *benchmarking* tem se revelado um excelente instrumento gerencial e de adaptação à medida que indica os pontos de referência na área. Há uma intensa competição entre as organizações em oferecer as melhores práticas de gestão de pessoas, não apenas no sentido de conquistar e reter os melhores talentos, mas também em obter o máximo em termos de eficiência e eficácia.

Nesse novo modelo, a área de gestão de pessoas atua de modo estratégico, como consultoria interna, participando da alta gestão.

(6.2)
Principais desafios da GP

Entende-se que toda pessoa que ocupa um cargo de comando é um gestor de pessoas. Para tanto, a área de GP deve promover encontros e liderar debates com os gestores sobre estratégias e estrutura organizacional. Dessler (2003) apresenta a gestão estratégica de pessoas como o modelo de atividades planejadas e desenvolvidas, com o intuito de permitir que a organização alcance seus objetivos. A parceria estratégica implica a participação da área de gestão de pessoas na formulação e implementação das estratégias.

Pode-se, então, resumir as principais tendências da área de GP, conforme os autores Chiavenato (2004), Dutra (2002), Limongi-França (2004) e Lacombe (2005):

- GESTÃO ESTRATÉGICA DE PESSOAS: Atuação da área como parceira na definição, disseminação e manutenção das estratégias, integrando os processos de gestão de pessoas (agregar, aplicar, recompensar, desenvolver, manter e monitorar) aos objetivos e negócios da organização, por meio da utilização intensiva do *benchmarking* como estratégia para a constante melhoria dos processos e serviços.
- ÁREA DE GP COMO CONSULTORIA INTERNA: Novo formato na função de GP, descentralização das decisões para os gestores das diversas áreas, fornecimento de novos

conhecimentos em gestão de pessoas para os clientes internos, nítida e rápida tendência para o *downsizing*, ênfase em uma cultura participativa e democrática.
- Novos processos de gestão: Processos de gestão da aprendizagem, do conhecimento, de competências e de remuneração. Disseminação da educação corporativa, gestão de novos talentos e desenvolvimento de competências pessoais aliadas às competências organizacionais. Criação de novos processos de gestão de compensação do desempenho dos colaboradores, principalmente por competências, vinculada à capacidade do colaborador de gerar resultados.
- Novos mecanismos de motivação, qualidade de vida no trabalho e de realização pessoal: Adequação das práticas e políticas às diferenças individuais, completa virada em direção ao cliente, seja ele interno ou externo, forte preocupação com a criação de valor dentro da empresa, preparando esta e as pessoas para o futuro. Gestão avançada da QVT, envolvendo – a) expansão da qualidade de processos e produtos para a qualidade pessoal; b) gestão de pessoas, com ênfase em estratégia e participação; c) imagem corporativa integrada ao *endomarketing*; d) descontração, atividades físicas, lazer e desenvolvimento cultural; e) risco e desafio no trabalho como fatores de motivação e realização pessoal; f) desenvolvimento social por meio da educação para a cidadania; g) saúde física e mental como espelho das camadas biológica, psicológica, social e organizacional.
- Desenvolvimento de equipes multidisciplinares e autogerenciadas: O trabalho em equipe passa a ser muito valorizado, pois é uma nova forma de obter resultados com excelência, além de gerenciar a diversidade. Essa tendência exige dos profissionais criatividade e inovação em

sistemas, estruturas e relacionamentos. O trabalho em equipe é mister para os novos modelos de gestão, como o de gestão do conhecimento e competências. Todavia, a educação continuada e os processos de comunicação eficazes continuam a ser a base para o trabalho em equipes.

As políticas de GP assumem novo formato; para Gasalla (2007, p. 112-113), devem ser: analíticas, baseadas em diagnósticos; compartilhadas, criativas, coerentes, interativas, comunicativas e claras, flexíveis e dinâmicas, orientadas para o negócio, diferenciadoras, humanistas e holísticas. Os clientes da área de GP devem conhecer sua estrutura na organização, a capacidade da equipe de GP, bem como o papel de agente de mudança que os consultores e analistas podem oferecer, na busca por melhores resultados organizacionais.

Nesses novos cenário, o papel dos gestores de pessoas é fundamental. Com base em Lacombe (2005), o novo gestor de pessoas é responsável: a) pelos resultados de sua área e de seus colaboradores; b) por delegar e distribuir tarefas, planejar e controlar os resultados; c) por manter a motivação, acompanhar e avaliar sua equipe, fornecendo *feedback* sobre o desempenho; d) por tomar decisões sobre admissões, promoções, transferências e desligamentos; e) pela integração, orientação e educação de novos e atuais colaboradores; f) por manter um clima participativo, com relacionamentos interpessoais positivos, respeito à diversidade e comportamento ético modelar; e g) por manter e disseminar uma visão estratégica do negócio da organização, com comprometimento e parceria junto aos seus colaboradores.

(.)
Ponto final

As tendências da área de GP estão alinhadas às macrotendências mundiais de mudanças constantes, guiadas pela globalização na era pós-moderna. A área de GP passa a atuar como consultoria e os gestores têm um papel crucial como gestores de pessoas. Essa é uma das grandes mudanças da área que reflete em toda a organização. Outra mudança fundamental para manter a vantagem competitiva é alinhar as pessoas ao negócio da empresa, atuando em nível estratégico. Esse contexto exige um novo perfil dos gestores de pessoas, que passam a desempenhar novos papéis, voltados à educação continuada e à manutenção de elevados níveis de comprometimento e trabalho em equipe. Para tanto, o investimento no desenvolvimento de competência dos gestores de pessoas é crucial para obter e manter vantagem competitiva por meio do desenvolvimento do capital intelectual das modernas organizações.

Atividades

1. Entre as principais tendências da área de GP está a:
   a. gestão de negócios.
   b. gestão do tempo.
   c. gestão financeira de pessoas.
   d. gestão estratégica de pessoas.

2. A criação de novos processos de gestão de compensação do desempenho dos colaboradores (por competências, vinculada à capacidade do colaborador de gerar resultados) é proposta pela:

   a. educação corporativa.
   b. educação estratégica.
   c. prática motivacional.
   d. liderança estratégica.

3. Entre os papéis do novo gestor na atualidade estão:

   a. integração, orientação e educação de novos e atuais colaboradores.
   b. integração, avaliação e demissão de novos e atuais colaboradores.
   c. observação, acompanhamento e certificação de novos e atuais colaboradores.
   d. motivação, percepção e avaliação de tarefas e resultados de colaboradores.

(7)

Gestão por competências

Lucia Maria Kops é mestre em Administração, com área de concentração em Recursos Humanos, pela Universidade Federal do Rio Grande do Sul (UFRGS), bacharel em Administração pela Pontifícia Universidade Católica do Rio Grande do Sul (PUCRS) e doutoranda do curso de Direção de Empresas para o Mercado Global pela Universidade de Leon, na Espanha.

Lucia Maria Kops
Selma França da Costa e Silva

O milênio vislumbra novas formas de gerenciar a complexidade e as múltiplas interligações no ambiente empresarial, surgindo, assim, outros conceitos e modelos de gerenciamento, que objetivam tratar as pessoas com maior dignidade e aproveitar o potencial de cada uma no desenvolvimento das atividades profissionais, propiciando, dessa forma, o sucesso da organização. Entre os mais diversos modelos, o que mais tem se evidenciado no mundo acadêmico e empresarial é o da GESTÃO POR COMPETÊNCIA OU GERENCIAMENTO POR COMPETÊNCIA, que busca, junto às pessoas, maior envolvimento, comprometimento, respeito, autorresponsabilidade e competência em todo o sistema organizacional.

O modelo de gestão por competência é um instrumento poderoso de gestão por permitir o alinhamento estratégico da gestão de pessoas com a estratégia da organização. O valor central desse modelo consiste, prioritariamente, na possibilidade de articular as competências organizacionais, grupais, individuais e gerenciais, agregando valor ao patrimônio da organização para manter sua vantagem competitiva, por meio da troca de competências entre os diferentes atores: organização e pessoas.

Profissionais de diferentes áreas, e em especial os administradores, estão sempre em busca de novas maneiras de gerir para atingir a excelência organizacional; entretanto, não se deve esquecer de que é somente POR MEIO DAS PESSOAS e de um adequado programa de gestão de pessoas que quaisquer modelos de gestão se efetivam. Nunca é demais reforçar que todo gestor é um gestor de pessoas e que, ao assumir cargos de direção, deve ter uma visão sistêmica interna e externa, agir estrategicamente dentro de padrões éticos, desenvolvendo a confiança e, conforme escreve Gasalla (2007, p. 194), "a confiança pode ser a chave para navegarmos pela complexidade e incerteza que encerram os novos cenários e organizações".

Para um maior entendimento sobre o tema, cabe alertar de que existe uma variedade enorme de abordagens e conceitos de diversos autores nacionais e internacionais dos quais escolhemos os mais relevantes.

(7.1)
Conceitos de competência

Conforme Ruzzarin, Amaral e Simionovschi (2006, p. 95), o debate sobre quais são as competências e os seus benefícios está assumindo um importante destaque nos principais questionamentos sobre excelência organizacional. O tema gestão por competência vem sendo, cada vez mais, discutido por estudiosos do mundo inteiro.

A utilização do termo *competência* surgiu no fim na Idade Média, de acordo com Silva (2005), associado à linguagem jurídica. Com o passar do tempo e com a chegada da Revolução Industrial, o termo foi sendo incorporado à linguagem organizacional para qualificar a pessoa capaz de realizar um trabalho e, a partir de então, surgem várias conceituações, das quais destacam-se algumas apresentadas no quadro a seguir, conforme Bitencourt e Barbosa (2004, p. 244-245):

Quadro 7.1 – *Conceitos de competência*

AUTOR	CONCEITO
Sparrow e Bognanno (1994, p. 3)	"Competências representam atitudes identificadas como relevantes para obtenção de alto desempenho em um trabalho específico, ao longo de uma carreira profissional, ou no contexto de uma estratégia corporativa."

(continua)

(Quadro 7.1 – conclusão)

AUTOR	CONCEITO
Parry (1996, p. 48)	"Um agrupamento de conhecimentos, habilidades e atitudes correlacionadas, que afeta parte considerável da atividade de alguém, que se relaciona com o desempenho, que pode ser medido segundo padrões preestabelecidos, e que pode ser melhorado por meio de treinamento e desenvolvimento."
Magalhães et al. (1997, p. 14)	"Conjunto de conhecimentos, habilidades e experiências que credenciam um profissional a exercer determinada função."
Davis (2000, p. 1, 15)	"As competências descrevem de forma holística a aplicação de habilidades, conhecimentos, habilidades de comunicação no ambiente de trabalho [...]. São essenciais para uma participação mais efetiva e para incrementar padrões competitivos. Focaliza-se na capacitação e aplicação de conhecimentos e habilidades de forma integrada no ambiente de trabalho."
Zarifian (2001, p. 66)	"A competência profissional é uma combinação de conhecimentos, de saber-fazer, de experiências e comportamentos que se exerce em um contexto preciso. Ela é constatada quando de sua utilização em situação profissional a partir da qual é passível de avaliação. Compete, então, à empresa identificá-la, avaliá-la, validá-la e fazê-la evoluir."

Fonte: Adaptado de Bitencourt; Barbosa, 2004, p. 244-245.

A utilização do termo *competência* dentro desse contexto fez com que várias conotações fossem empregadas, com destaque para duas vertentes do termo: AMERICANA e FRANCESA. Alguns autores americanos, entre eles Boyatzis (1982) e McClelland (1973), conforme citam Carbone et al. (2006), entendem e aplicam a competência como um grande estoque de qualificações, tais como conhecimentos, habilidades e atitudes (CHA), que tornam a pessoa apta para exercer determinados trabalhos e a desempenhar determinadas funções. A segunda vertente representa, principalmente, os autores franceses, entre eles, LeBoterf (1995) e Zarifian (1996), que fazem uso do termo *competência* como as realizações da pessoa dentro de um determinado contexto, ou seja, aquilo que é produzido ou realizado por ela no trabalho (Borges-Andrade; Abbad; Mourão, 2006).

Partindo dessas duas vertentes e, conforme ideias de Carbone et al. (2006), é possível conceituar, então, que a competência é entendida não apenas como um conjunto de conhecimentos, habilidades e atitudes, mas também como um conjunto de realizações e desempenhos desenvolvidos por uma pessoa em um determinado contexto. Assim, de acordo com figura a seguir, extraída de Carbone et al. (2006), a competência é o resultado da mobilização da pessoa com a combinação de recursos e insumos, agregando valores econômicos e sociais às pessoas e às organizações.

Figura 7.1 – Competências como fonte de valor para o colaborador e a organização

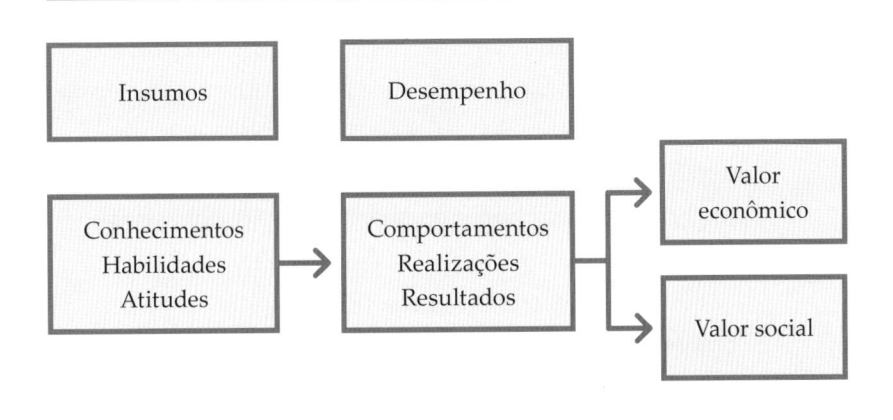

Insumos	Desempenho	
Conhecimentos Habilidades Atitudes	Comportamentos Realizações Resultados	Valor econômico
		Valor social

Fonte: Carbone et al., 2006, p. 44.

O termo *competência* também é utilizado no cotidiano das pessoas com os mais diversos significados, de acordo com Houaiss segundo Borges-Andrade, Abbad e Mourão (2006), tais como: aptidão de uma autoridade pública de efetuar determinados atos; poder detido por um colaborador, em razão de seu cargo ou função, de praticar atos deste ou desta; capacidade que uma pessoa possui de expressar um juízo de valor sobre algo a respeito do que é versado, idoneidade; soma de conhecimentos ou de habilidades; pessoa com grande autoridade em um ramo do saber ou do fazer; capacidade objetiva de uma pessoa para resolver problemas.

Em última análise, conforme Gramigna (2007), a diferença em termos de mercado é o domínio de determinadas competências, o que faz com que profissionais e organizações façam a diferença.

(7.2)
Dimensões da competência

Muitos são os conceitos e as concepções inseridas no ambiente empresarial acerca da noção e da forma como a competência pode ser analisada, seja por meio de qualificação, *performance*, desempenho e objetivos ou tantos outros sinônimos. O importante a ser dito é que as definições, nem sempre homogêneas, abrem um leque de opções que vai além da dimensão pessoal de competência. Conforme Moscovici (2003), é possível analisar a competência sob dois prismas: competência técnica e competência interpessoal, sendo ambas essenciais para o desenvolvimento e gerenciamento do capital humano. Para trabalhar em equipe e construir um bom relacionamento no ambiente de trabalho, é preciso muito mais do que competência técnica, é preciso ter uma nova percepção sobre as pessoas, essa é a competência interpessoal. Com relação à primeira, são os conhecimentos e as técnicas que asseguram um desempenho adequado e de qualidade. Quanto à segunda, o que garante um bom desempenho é a habilidade de lidar, eficazmente, com as relações interpessoais, de acordo com a necessidade e a situação.

O Ministério de Educação da Austrália, por meio do Comitê Mayer, afirma que as competências não devem ser pensadas como apenas um comportamento treinado, e sim como capacidades mentais e de pensamentos. As competências devem incorporar o que está no entorno, para construir novos conceitos e desenvolver o que foi compreendido com a prática. Para desenvolver e manter a coesão na equipe de trabalho, é preciso que as pessoas avaliem suas percepções, condutas e comportamentos (Nisembaum, 2001).

Ruzzarin, Amaral e Simionovschi (2006, p. 22) apresentam os resultados de uma pesquisa publicada em 1993, sobre empresas pioneiras na implantação da gestão por competências:

> *constata-se que 12% das companhias na lista das mil maiores da revista "Fortune" aplicam alguma forma de remuneração baseada em habilidades ou competências de seus funcionários. No Brasil, esse conceito só passa a ser discutido nas universidades nos anos 90, e em 1993/1994 a Adubos Trevo, DuPont e Copesul são percebidas como pioneiras na implantação de um sistema de remuneração baseado em competências e habilidades.*

Notamos, portanto, a importância das competências técnica e interpessoal no desenvolvimento das pessoas e das equipes nas organizações, buscando a vantagem competitiva.

(7.3)
Competências individuais e organizacionais

Com relação aos diversos tipos de competência, recorremos a Ruas, Antonello e Boff (2005), que os classificam em três dimensões: competências ESSENCIAIS, mais abrangentes da dimensão organizacional; FUNCIONAIS, inerentes ao desempenho das respectivas áreas vitais da organização (as de grupo); e INDIVIDUAIS/GERENCIAIS, relacionadas diretamente às pessoas que trabalham na organização.

Para Murray (citado por Borges-Andrade; Abbad; Mourão, 2006), as competências pessoais ou individuais englobam atributos, habilidades e comportamentos para o desempenho de determinada função ou tarefa, enquanto as competências organizacionais são definidas por processos, sistemas e práticas que capacitam uma organização a transformar capacidades pessoais em competências para a própria organização.

Sob a perspectiva do desempenho no trabalho, Carbone et al. (2006) e Durand e Santos (citados por Borges-Andrade; Abbad; Mourão, 2006) afirmam que é possível definir COMPETÊNCIA INDIVIDUAL como uma série de combinações sinérgicas de conhecimentos, habilidades e atitudes. Assim, conforme dissemos anteriormente, a competência individual é o resultado da mobilização do colaborador, da combinação de recursos ou dimensões interdependentes (conhecimentos, habilidades e atitudes) e da aplicação desses recursos ao trabalho (Lebortef, 1999, citado por Borges-Andrade; Abbad; Mourão, 2006).

Ao abordar as competências individuais, Ruas, Antonello e Boff (2005) também fazem referência às COMPETÊNCIAS GERENCIAIS e, para os autores, as competências são gerenciais quando a pessoa transfere conhecimentos, habilidades e atitudes que são capazes de mobilizar e integrar recursos para produzir e agregar valor à organização. Em última análise, as competências gerenciais advêm das competências individuais praticadas pelos gestores nas suas atividades cotidianas.

Vários autores se dedicaram às tipologias de competências gerenciais. Schein (citado por Hanashiro; Teixeira; Zaccar, 2007, p. 222) defende quatro grupos de COMPETÊNCIAS GERENCIAIS: motivação e valores; capacidade e aptidões analíticas; aptidões interpessoais e de grupo; e capacidade e habilidade para lidar com a emoção. Os estudiosos Spencer e Spencer, segundo Hanashiro, Teixeira e Zaccar (2007), destacaram um maior número de COMPETÊNCIAS GERENCIAIS: impacto e influência; orientação para resultados; cooperação e espírito de equipe; pensamento analítico; iniciativa; desenvolvimento de pessoas; confiança pessoal; compreensão interpessoal; comando/assertividade; busca de informações; liderança; pensamento conceitual; desenvolvimento organizacional; desenvolvimento de relacionamentos; adotar ordens e conhecimento técnico.

Referente ao conceito de COMPETÊNCIAS ORGANIZACIONAIS, Silva (2005) afirma que foi introduzido pelos teóricos da administração na década de 1990, a partir de conceitos de Prahalad e Hamel e diz respeito a como as informações são exploradas nos seus aspectos internos e externos que impactam o negócio e agregam valor ao cliente. Hanashiro, Teixeira e Zaccar (2007) realizaram um estudo aprofundado sobre as competências organizacionais, identificadas por diversos autores e concluíram que existem muitos pontos em comum, destacando as palavras-chave unânimes entre os pensadores: combinação/integração de habilidades; recursos; atividades; processos; valores e rotinas organizacionais; geração de valor para clientes; fonte de vantagem competitiva; difícil de ser copiado por concorrentes; formadas gradualmente ao longo do tempo. As autoras ainda apresentam um conceito baseado nos aspectos essenciais comuns aos autores estudados. A competência organizacional é o resultado de uma combinação estratégica de recursos, habilidades e processos organizacionais, os quais são orientados e integrados para o atendimento de uma ou mais necessidades de clientes; e que, em virtude de suas propriedades únicas, contribui de forma relevante para a geração de valor e para a formação de vantagem competitiva sustentável (Hanashiro; Teixeira; Zaccar, 2007).

Ruas, Antonello e Boff (2005) afirmam que a integração organizacional das habilidades e tecnologias é uma condição primordial das competências essenciais, sendo pouco provável que esta se sustente em algumas pessoas ou grupos da organização. Para que essa integração ocorra, é necessário seguir um processo que se inicie pelo levantamento das informações relacionadas à intenção estratégica da empresa, ou seja, direcionamento estratégico, missão e visão de futuro, identificando as competências essenciais para, depois, desdobrar essas competências em coletivas, sendo o último passo o desdobramento das competências grupais em individuais.

Para Weymer (2007, p. 1), é preciso mapear competências, isso não envolve identificar as pessoas que as possuem, mas, sim, identificar se a organização possui competência organizacional instalada e, a partir desse ponto, decidir quais são as competências pessoais necessárias para sustentar a organização no mercado no qual está inserida.

(.)
Ponto final

Em relação aos diversos modelos de gestão que surgem como alternativas para enfrentar a competitividade, o modelo de gestão por competência cumpre um importante papel na transformação organizacional, a partir do momento que consegue alinhar os subsistemas de gestão de pessoas e negócios. É importante destacar que para atingir a transformação e a eficácia organizacional em suas diversas dimensões, é necessário desenvolver o capital humano, em especial as lideranças, com base em princípios e valores que motivem os parceiros e aumentem a produtividade das organizações. Essa responsabilidade é atribuída à gestão de pessoas (GP).

Atividades

1. Entre os conceitos existentes, a competência é entendida não apenas como um conjunto de conhecimentos, habilidades e atitudes, mas também como um .... e .... desenvolvidos por uma pessoa em um determinado contexto.
   a. Significado/projeções pessoais.
   b. Conjunto de realizações/desempenhos.
   c. Componente/potenciais.
   d. Composto de ações/conhecimentos.

2. Os conhecimentos e as técnicas que asseguram um desempenho adequado e de qualidade e habilidade de lidar eficazmente com equipes, de acordo com a necessidade e a situação, referem-se à:
   a. competência intelectual e coletiva.
   b. competência pessoal e social.
   c. competência funcional e intergrupal.
   d. competência técnica e interpessoal.

3. Ações como o impacto à influência, orientação para resultados, cooperação, espírito de equipe, pensamento analítico e iniciativa são processos de competências:
   a. técnicas.
   b. interpessoais.
   c. gerenciais.
   d. funcionais.

(8)

Gestão do conhecimento e
aprendizagem organizacional

Lucia Maria Kops
Selma França da Costa e Silva

No capítulo anterior, focamos na gestão por competência, afirmando que é por meio dela que se agrega o poder de competitividade à organização, desde o delineamento dos aspectos estratégicos até a efetiva criação de valor, o que ocorre por intermédio das pessoas. Para poder atingir plenamente esses resultados e criar um diferencial competitivo, é fundamental que existam alinhamento e reciprocidade entre a gestão de competência, a gestão do conhecimento e a aprendizagem organizacional.

Sabemos que a gestão de competência e a gestão do conhecimento se alimentam reciprocamente e, em certos momentos, confundem-se, complementam-se e andam paralelas. Como escreve Silva (2005, p. 22), "são irmãs gêmeas bivitelinas". Ao entender tal linha de pensamento, referente aos componentes da gestão por competência, da gestão do conhecimento e sua relevância no processo de aprendizagem organizacional, os administradores passam a aceitar o desafio de gerar conhecimento por meio da utilização das potencialidades existentes no seu capital intelectual, considerado nesta era a maior fonte de riqueza. Dessa forma, o conhecimento é ação e acontece graças ao envolvimento e responsabilidade das pessoas em promover a execução de ações, alinhadas com as intenções estratégicas dos empresários.

É nesse contexto, de SOCIEDADE DA INFORMAÇÃO e/ou ECONOMIA DO CONHECIMENTO, que surge a preocupação dos teóricos do conhecimento e da aprendizagem organizacional em encontrar alternativas plausíveis frente às mudanças tecnológicas, cada vez mais aceleradas, exigindo dos gestores flexibilidade e agilidade até então não conhecidas na era industrial. Para um maior entendimento, abordamos neste capítulo considerações e conceitos defendidos por autores e estudiosos do tema.

(8.1)
Gestão do conhecimento

Na era da informação, a economia do conhecimento difere muito das concepções da era industrial, principalmente, em termos de capital intelectual, serviços, interpretações e em ideias de como fazer negócios. O campo da gestão do conhecimento está em plena e rápida evolução e inúmeras teorias foram criadas por diversos autores, tendo-se a notícia de que muitos desses projetos estão sendo implantados com sucesso, inclusive no Brasil.

Conforme Cavalcante e Nepomuceno (2007, p. 59), dados da Organização para Cooperação e Desenvolvimento Econômico (OCDE) mostram que, em 2001, 55% da riqueza produzida no mundo foram provenientes do conhecimento. Em dezembro de 2005, o Banco Mundial publicou os resultados de um estudo que propõe uma nova forma de calcular a riqueza gerada por um país, com base em três tipos de capital: naturais, produzidos e intangíveis. Este sustenta a atividade econômica em 78% da riqueza mundial, podendo servir de base para que as autoridades formulem suas políticas governamentais.

Esses dados vêm ao encontro do que muitos estudiosos afirmam, como, por exemplo, Stewart (2002, p. 30), que destaca que as leis da nova economia e os resultados gerados por ela estão ancorados em três pilares: o CONHECIMENTO, que está junto a tudo aquilo que é adquirido, produzido e vendido; o CAPITAL INTELECTUAL, considerado, hoje, o mais importante aliado ao primeiro; e o terceiro pilar, que compreende o APROVEITAMENTO de toda a potencialidade do capital intelectual para competir na nova economia.

Para que seja possível gerir todos os pilares das leis da nova economia, é necessária uma nova postura de gestão, que faça uso de estratégias e tecnologias inovadoras. Um dado alentador é o que demonstra uma pesquisa (Cavalcante; Nepomuceno, 2007, p. 60) da Fundação Getulio Vargas, realizada em 2003, na qual 81% dos executivos, das 500 maiores empresas brasileiras, acreditam na importância da utilização da gestão do conhecimento dentro das corporações.

(8.2)

Conceitos principais

Em virtude de inúmeras terminologias existentes, muitas vezes divergentes, cabe esclarecer alguns conceitos utilizados, pois, na maioria das vezes, esse vocabulário não faz parte do cotidiano, causando dificuldades de compreensão do seu conteúdo técnico.

Cruz (2002), reportando-se ao conhecimento, chama a atenção para o aspecto filosófico, afirmando que existem dois conhecimentos: O VULGAR, que é o conhecimento DO QUE, e O CIENTÍFICO, que é o conhecimento DO PORQUÊ. Então, em vez de somente constatar-se QUE existe um objeto, deve-se saber POR QUE ele existe. Para o referido autor, a principal diferença está no conhecimento das causas, o que o leva a afirmar que quando as pessoas ficam limitadas ao conhecimento vulgar não fazem jus à capacidade de conhecer e, consequentemente, as coisas são sentidas, mas não são verdadeiramente conhecidas, o que acaba refletindo na atuação profissional e organizacional. Então, se as pessoas sabem por que as coisas acontecem, podem tomar medidas e interferir ou não, em função da relevância ou não do acontecimento, encontrando assim alternativas satisfatórias.

Ainda de acordo com Cruz (2002), o conhecimento é "o entendimento obtido por meio da inferência realizada no contato com dados e informações que traduzem a essência de qualquer elemento". O importante a se questionar é sobre o quanto existe de entendimento de toda essa gama de informações que chega à mente das pessoas e se estas estão preparadas para fazer essa inferência e compartilharem o que sabem, gerando informações para aproveitar e proporcionando o crescimento pessoal e organizacional.

É bem provável que pessoas e organizações estejam distantes do ponto onde desejariam estar, seja por falta de estratégias, seja pela ausência de mecanismos e gerenciamento desse conhecimento. Como afirma Lacombe (2005, p. 342), "tornar o conhecimento pessoal disponível para as pessoas que dele precisam na organização é a base da administração do conhecimento". Retomando as ideias de Cruz (2002, p. 32), a gerência do conhecimento ou *knowledge management* (KM) pode ser considerada um "conjunto formado por metodologias e tecnologias que têm por finalidade criar condições para identificar, integrar, capturar, recuperar e compartilhar conhecimento existente em qualquer tipo de organização".

Não existe uma definição consensual ou uma metodologia única em relação à gestão de conhecimento, mas, de forma geral, as várias teorias concordam que ela é UM ESFORÇO SISTEMÁTICO PARA CRIAR, UTILIZAR, RETER E MEDIR O CONHECIMENTO. Nonaka e Takeuchi (1997) afirmam que o sucesso das empresas japonesas se deve à sua capacidade de criar o conhecimento organizacional, ou seja, criar um conhecimento novo, difundi-lo na organização e incorporá-lo a produtos, serviços e sistemas.

Outros termos complementares fazem parte desse rol de conceitos e para a apresentação deles Nisembaum (2001) aponta:

> GESTÃO DE CONHECIMENTO: *processo de criar, captar e utilizar o conhecimento para aprimorar a "performance" organizacional.* CAPITAL INTELECTUAL: *conhecimento de valor para uma organização. É constituído de capital humano, estrutural e capital de clientes.* CAPITAL HUMANO: *somatório de capacidades, conhecimentos, habilidades e experiências de toda a organização (competências organizacionais e individuais colocadas à serviço da empresa).* CAPITAL ESTRUTURAL: *composto por*

três tipos de capitais: ORGANIZACIONAL *(filosofia de atuação da empresa, sistemas, instrumentos de trabalho, fontes de suprimento e canais de distribuição);* INOVAÇÃO *(capacidade de inovação e os resultados por ela trazidos, incluindo os direitos comerciais, a propriedade intelectual) e os* PROCESSOS *(desenvolvimento e atualização de processos, técnicas e programas destinados ao aumento de produção e melhoria de serviços).*
CAPITAL DE CLIENTES: *valor dos relacionamentos de uma organização com os seus clientes.* [grifo do original]

Nisembaum (2001, p. 187-188) ainda define a APRENDIZAGEM ORGANIZACIONAL como um processo no qual a organização exercita a inteligência coletiva para responder aos ambientes interno e externo, e que também tem como função: "COMPETÊNCIAS (organizacionais e individuais); INFRAESTRUTRA TECNOLÓGICA (banco de dados estratégicos, registro das melhores práticas) e o CLIMA PARA AÇÃO (cultura e valores que estimulam o compartilhamento de experiências e o alinhamento pessoa-organização)" [grifo do original].

O autor (Nisembaum, 2001, p. 187-189) ainda acrescenta: DADOS são o conjunto de fatos objetivos de determinado evento registrados; INFORMAÇÕES são dados incorporados com relevância; de forma contextualizada, categorizada; CONHECIMENTO é um conjunto de verdades, princípios e informações que, no contexto do negócio, orienta as ações, e que existe dentro da mente das pessoas e faz parte da imprevisibilidade e complexidade do ser humano.

Dessa forma, o CONHECIMENTO se distingue da INFORMAÇÃO por possuir intencionalidade. Ambos partem de declarações verdadeiras, mas o conhecimento é derivado da informação e esta, dos dados. Ele não é puro ou simples, é, sim, uma mistura de elementos; fluido e formalmente estruturado; intuitivo, difícil de ser colocado em palavras e ser entendido em termos lógicos, existe dentro das pessoas e, por isso, é complexo e imprevisível.

(8.3) Dimensões do conhecimento

A maioria dos autores, de uma forma ou outra, estabelece certa hierarquia ou dimensão para distinguir o diferencial contributivo do conhecimento. Nonaka e Takeuchi (1997, p. 62) destacam o conhecimento em duas dimensões: a) TÁCITO OU IMPLÍCITO e b) EXPLÍCITO. Essas duas dimensões podem ser ainda internas ou externas e individuais ou coletivas. Nisembaum (2001, p. 189) também apresenta a mesma divisão: CONHECIMENTO EXPLÍCITO (captado e compartilhado com a ajuda da tecnologia da informação); CONHECIMENTO TÁCITO (individual que evolui com a interação entre as pessoas); contudo inclui a SABEDORIA (ponto culminante, integra os elementos anteriores e pressupõe a habilidade em usar o bom senso). Os conhecimentos tácito e explícito interagem um com o outro e são complementares; sua criação ocorre por meio da interação social.

Para os autores (Nonaka; Takeuchi, 1997; Nisembaum, 2001), a criação do conhecimento organizacional é um processo que amplia o conhecimento das pessoas. No entanto, a criação e/ou gestão do conhecimento não acontece facilmente, é necessário um processo estruturado para que se concretize uma coordenação sistêmica, bem como vários planos para tornar possível atingir as pessoas e a organização nos aspectos estratégico e operacional.

Assim, a gestão do conhecimento implica na capacidade da organização em criar estratégias que passem do aprendizado fragmentado ao aprendizado organizacional. Kim (citado por Gdikian; Silva, 2002, p. 1) afirma que não basta captar os modelos mentais, é preciso evitar o aprendizado fragmentado entre as pessoas e disseminar o conhecimento adquirido em toda a organização. Um modelo que vem atendendo a essas expectativas, já implantado em algumas organizações, é o modelo de gestão do conhecimento, de Terra (2001, 2003), que trabalha com uma metodologia estruturada.

(8.4) Modelo de gestão do conhecimento

O estudioso e consultor do assunto Terra (2001, p. 71) apresenta um modelo composto de sete dimensões (Figura 8.1), dividido em níveis estratégico, organizacional e infraestrutura, para realizar um estudo e verificar a viabilidade da organização em implantar uma gestão orientada ao conhecimento.

As sete dimensões compreendem: 1 – VISÃO, FATORES ESTRATÉGICOS E O PAPEL DA ALTA ADMINISTRAÇÃO (devem definir o campo de conhecimento a ser explorado pela organização, por meio de projetos específicos e inovadores); 2 – ADMINISTRAÇÃO DE RECURSOS HUMANOS (voltada à valorização de políticas e práticas de GP, associadas à criação e à aquisição de conhecimento); 3 – CULTURA E VALORES ORGANIZACIONAIS (devem estimular o desenvolvimento de uma cultura organizacional voltada ao aprendizado contínuo); 4 – ESTRUTURA ORGANIZACIONAL (implantação de novas estruturas baseadas no

Figura 8.1 – As 7 dimensões da gestão do conhecimento

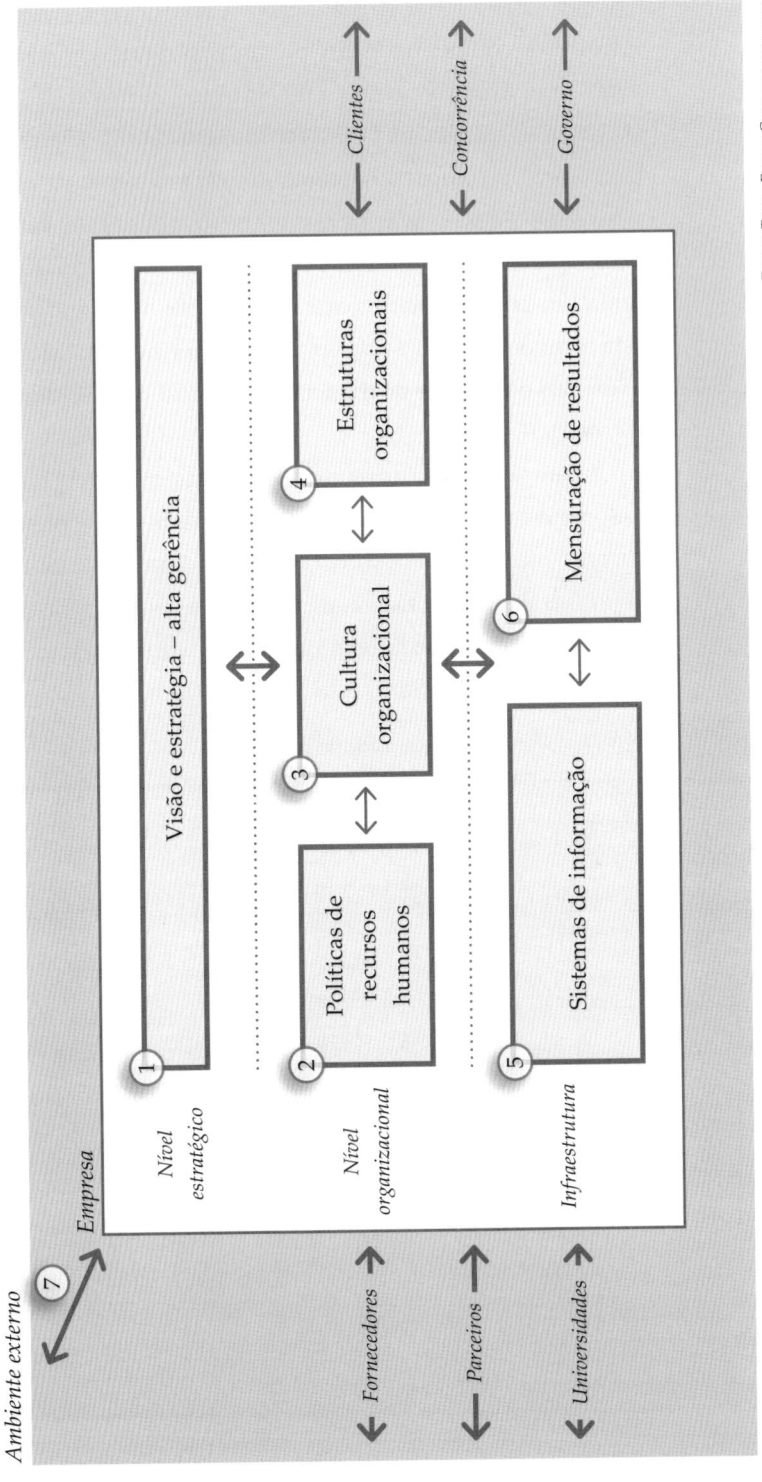

FONTE: TERRA FORUM CONSULTORES, 2007.

trabalho de equipes multidisciplinares, com autonomia para gerar aprendizado e novos conhecimentos, além de buscar a inovação e a eficiência); 5 – SISTEMA DE INFORMAÇÃO (elemento facilitador do compartilhamento do conhecimento entre as pessoas); 6 – MENSURAÇÃO DE RESULTADOS (realizado sob várias perspectivas); 7 – APRENDIZADO COM O AMBIENTE EXTERNO (representa um grande desafio para a gestão, pois o aprendizado está além das fronteiras da empresa, está vinculado a todas as demais dimensões do modelo de gestão do conhecimento) (Terra, 2001, p. 71).

As empresas que aprendem com seus parceiros, fornecedores e comunidade em geral estimulam também seus clientes internos a encontrar novas alternativas que facilitem o trabalho profissional. A figura a seguir apresenta uma combinação do Modelo das Sete Dimensões com o Modelo de Michael Santkoski (Terra, 2001, p. 173).

Figura 8.2 – Modelos de Terra e Santkoski

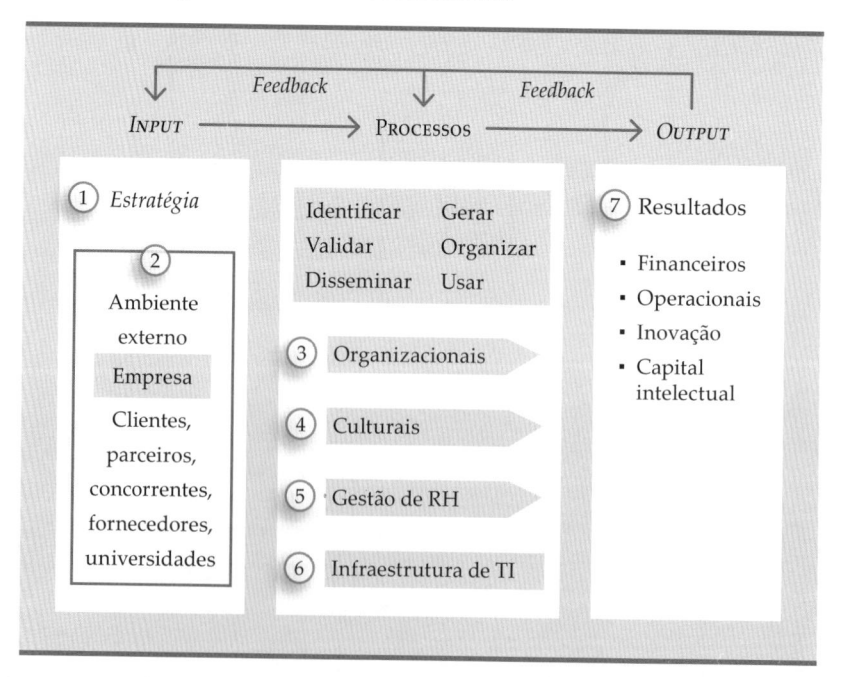

Input	Processos	Output
① Estratégia	Identificar Gerar	⑦ Resultados
② Ambiente externo	Validar Organizar	• Financeiros
Empresa	Disseminar Usar	• Operacionais
Clientes, parceiros, concorrentes, fornecedores, universidades	③ Organizacionais	• Inovação
	④ Culturais	• Capital intelectual
	⑤ Gestão de RH	
	⑥ Infraestrutura de TI	

Feedback entre etapas.

FONTE: TERRA FORUM CONSULTORES, 2007.

Seguindo as sete dimensões do modelo apresentado, consideramos importante a interação entre conhecimento tácito e explícito, o respeito ao capital humano, formado pelos valores e normas individuais e organizacionais, bem como competências, habilidades e atitudes de cada colaborador, que são propulsores da geração de conhecimento. Por meio de um processo de aprendizagem organizacional, é possível agregar valor à organização e, consequentemente, alcançar a competitividade e a sustentabilidade tão almejadas pelos administradores/ líderes do cenário atual.

(8.5) Aprendizagem organizacional

Em um mundo globalizado e cada vez mais competitivo, só sobreviverão as organizações que souberem dar valor ao seu capital intelectual por meio de um contínuo processo de desenvolvimento das potencialidades. É dentro desse cenário mundial, em constante transformação nos sistemas sociais, que as organizações procuram os melhores gestores, aqueles com múltiplas competências, perfil empreendedor e que consigam atuar dentro de modelos, que, segundo Borges-Andrade, Abbad e Mourão (2006, p. 114), "gerem impactos positivos sobre a sustentabilidade de condições de competitividade e de sobrevivência das organizações".

Na verdade, sempre existiu, em toda a história da humanidade, alguma forma mesmo empírica de administrar organizações; no entanto, a complexidade organizacional do mundo moderno não é tarefa das mais fáceis, havendo, assim, preocupação por parte de estudiosos em trazer alternativas de gestão para fazer frente à realidade, destacando-se entre elas, a aprendizagem organizacional.

Segundo Prange (citado por Borges-Andrade; Abbad; Mourão, 2006), existe uma imprecisão conceitual, certa dissensão dos conceitos sobre a aprendizagem organizacional, resultado do estudo de diversas disciplinas díspares, como Estratégia, Economia, Sociologia, entre outras. Assim, surgem duas perspectivas na literatura: as ORGANIZAÇÕES DE APRENDIZAGEM, de Argyris e Schon (1996); e a APRENDIZAGEM ORGANIZACIONAL, de Easterby-Smith e Araújo (2001).

Alguns autores como Senge (2000) acreditam em diversos níveis e defendem a ideia de que somente a pessoa aprende junto das outras, em grupo; enquanto outros como Prange 2001 (citado por Borges-Andrade; Abbad; Mourão, 2006) defendem as relações entre aprendizagem individual e organizacional. Para Senge (2000, p. 117), as organizações de aprendizagem consistem em instituições que valorizam o aprendizado coletivo, local no qual as pessoas teriam liberdade e estímulo para buscar inovação por meio da colaboração mútua.

Easterby-Smith e Araújo (citados por Borges-Andrade; Abbad; Mourão, 2006) afirmam que, no primeiro processo, a aprendizagem organizacional dá-se no processamento de informações, tanto de dentro como de fora da organização. Já no segundo, o foco incide sobre a maneira como as pessoas atribuem significado às suas experiências de trabalho, o que pressupõe uma definição de aprendizagem dentro de termos sociais. Borges-Andrade, Abbad e Mourão (2006) colocam em sua obra que muitos autores tomaram como base as ideias de Vygotsky, acreditando que a aprendizagem é um fenômeno individual, mesmo estando condicionada tanto à interação social quanto ao ambiente material.

Nonaka e Takeuchi (1997, p. 19) criticam os que pensam que a organização é como um sistema de processamento de informações ou apenas mais uma solução de problemas. Eles defendem que o conhecimento é produzido pela pessoa, ficando para a organização articular e ampliar o conhecimento produzido.

Já Garvin (citado por Vasconcelos; Mascarenhas, 2006, p. 41-42) apresenta outra conceituação, dizendo que é possível definir a "organização em aprendizagem" como aquela que "dispõe de habilidades para criar, adquirir e transferir conhecimentos, e é capaz de modificar seus comportamentos, de modo a refletir os novos conhecimentos e ideias". O autor salienta que a organização deve incorporar valores, promover comportamentos e sistematizar processos e sistemas que deem respaldo às cinco atividades principais relacionadas à "aquisição" de conhecimentos: 1) solução sistemática de problemas; 2) experimentação de novas abordagens; 3) aprendizado com as próprias experiências; 4) aprendizado com as experiências das outras organizações; e 5) rápida e eficiente transferência de conhecimentos na organização.

Independente de todas as discussões acadêmicas, o importante é que o administrador/gestor e sua equipe saibam o quanto um determinado conhecimento é relevante para agregar valor às pessoas e à organização e através da utilização de alguns princípios da aprendizagem organizacional encontrem alternativas eficazes para aproveitar toda a potencialidade existente na organização, elevando-a a patamares superiores.

(.)
Ponto final

As pessoas são centrais para a obtenção de vantagem competitiva nas organizações por meio das competências pessoais, adquiridas com a criação e o desenvolvimento do conhecimento e dos processos de aprendizagem organizacional. Isso depende de uma estratégia consistente de GP. Os administradores, ao tomarem suas decisões, têm dúvidas em relação a como devem agir e decidir diante de uma coleção de novos modelos. Todavia, os gestores da atualidade precisam colocar o atendimento personalizado não só no núcleo de suas estratégias externas, mas também no coração dos relacionamentos daqueles com quem trabalham.

Atividades

1. Um conjunto formado por metodologias e tecnologias que têm por finalidade criar condições para identificar, integrar, capturar, recuperar e compartilhar conhecimento existente em qualquer tipo de organização se refere a:
   a. processo de gestão de equipes.
   b. sistema de trabalho intelectual.
   c. gestão do conhecimento.
   d. gestão estratégica de aprendizagem.

2. As competências organizacionais e individuais são consideradas funções da:
   a. aprendizagem funcional.
   b. aprendizagem organizacional.
   c. gestão intergrupal.
   d. gestão organizacional.

3. As organizações consideradas em processo de aprendizagem consistem em instituições que valorizam:
   a. a inovação pela aprendizagem coletiva.
   b. a transformação pela liberdade de comparecimento.
   c. a eleição pelo trabalho virtual, sem participação presencial.
   d. a verificação de competitividade interpessoal.

(9)

Gestão da qualidade
de vida no trabalho (QVT)

Sonia Mara Thater Romero
Selma França da Costa e Silva

A qualidade de vida no trabalho (QVT) busca a satisfação do trabalhador na tentativa de diminuição do mal-estar e do excessivo esforço físico no trabalho. Tem como objetivo maior levantar alternativas para a manutenção de ambientes de trabalho saudáveis para as pessoas, tendo como consequência maior qualidade e produtividade. Para Limongi-França e Arellano (2002), a qualidade de vida no trabalho pode ser vista sob diversos ângulos, desde o foco clínico da ausência de doenças no âmbito pessoal até as exigências de recursos e procedimentos de natureza gerencial e estratégica. Portanto, a QVT é um conjunto de estratégias e ações para melhorar as condições de trabalho, buscando aumentar os resultados.

Atualmente, conforme Goulart e Sampaio (2004), o movimento de QVT é amplamente difundido nos países da Europa, Estados Unidos, Canadá e México. Limongi-França (2004) justifica a importância da construção do conceito de QVT no Brasil, já que o país aparece em 74º lugar no *Human Development Report*, classificado como moderado desenvolvimento humano, logo abaixo do Cazaquistão. Um indicador que denota como essa problemática está atingindo o Brasil é a realização anual do Congresso Internacional sobre QVT. Salienta-se também a inclusão do Brasil na *Internacional Stress Management Association* (Isma), uma respeitada associação sem fins lucrativos para pesquisas e prevenção do estresse.

(9.1)
Problemas de saúde ocupacional

A falta de qualidade de vida no trabalho está relacionada a vários fatores, entre eles podemos citar: sobrecarga de trabalho, esgotamento físico e mental, conflitos, poucas perspectivas de progresso, falta de autonomia, pressões e fatores ambientais inadequados e insalubres. Contudo, geralmente, os gestores é que sofrem maiores pressões na obtenção de resultados por meio de suas equipes.

No ambiente de trabalho, os riscos ambientais devem ter a devida importância por parte dos gestores. Esses riscos podem ser de natureza física, química, biológica ou ergonômica ou, ainda, incluir a organização do trabalho e condições de higiene e segurança (Straub, 2005). Várias doenças podem ocorrer em resposta a situações mal gerenciadas no ambiente de trabalho. Algumas delas são descritas a seguir:

Síndrome do Estresse

Conforme Arantes e Vieira (2002, p. 25) a síndrome do Estresse, adotada por Hans Selye, tem origem no termo inglês *stress*, usado em física, que significa o *somatório das forças que agem contra a resistência, não importando quais*. O estresse não é somente negativo, os autores Arantes e Vieira (2002) e Limongi-França e Rodrigues (1999) apresentam dois tipos de estresse, sempre o considerando como processo de tensão em uma situação de desafio por ameaça ou conquista:

- "Eustresse" é o resultado positivo da tensão com equilíbrio entre esforço, tempo, realização e resultados. É uma situação de equilíbrio alcançado após o estímulo estressor, na qual a pessoa supera os estímulos negativos e ao mesmo tempo cria imunidades ante uma futura sobrecarga estressante. O "eustresse" proporciona um grau de satisfação e bem-estar pelos esforços e resultados obtidos.
- "*Distress*" é o resultado negativo do esforço gerado pela tensão mobilizada pela pessoa. É a tensão com rompimento do equilíbrio biopsicosocial por excesso ou falta de esforço, incompatível com tempo, resultados e realização. O estresse excessivo conduz à debilidade física e psicológica de intensidades variáveis, tornando a pessoa menos capaz de suportar a sobrecarga, levando à deficiência comportamental, a qual contribui para o agravamento do quadro.

É possível afirmar que tanto as pessoas como as organizações precisam de certo grau de estresse para seu funcionamento. No entanto, se a pressão sobre elas é muito intensa ou o oposto, o resultado é o desempenho insuficiente. O desequilíbrio da saúde profissional traz consequências para a produtividade. Os lucros são afetados por erros, acidentes, absenteísmo e alta rotatividade, além do mais, gasta-se no resgate da saúde com auxílio-doença, afastamentos, e até perda dos colaboradores.

Síndrome de Burnout

Uma das doenças mais atuais é a síndrome de *Burnout*, causada pela falta de sentimento de valorização e reconhecimento no trabalho. Segundo Mendes e Morrone (2002), essa síndrome pode ser entendida como um esgotamento profissional caracterizado pela diminuição gradual da energia, perda da motivação e do comprometimento, acompanhadas de sintomas de caráter psíquico e físico. Suas consequências podem ser percebidas na demonstração de baixa autoestima, desesperança, disfunções físicas, dificuldade de concentração e de controlar as emoções, irritação, absenteísmo, interferência dos assuntos de trabalho na vida pessoal, entre outros. As áreas afetadas, além das cognitivas, sociais e afetivas, envolvem sintomas físicos, resfriados frequentes, problemas gastrintestinais, dores de cabeça, fadiga, insônia, sensação de exaustão, tremores e falta de ar são os mais frequentes.

Uma pesquisa desenvolvida por Tamayo e Tróccoli (2002), com uma amostra de 369 trabalhadores de diferentes cargos em empresas públicas e privadas, procurou investigar a associação da exaustão emocional com a percepção de suporte organizacional e *coping* do trabalho (forma como as pessoas reagem ao estresse). Os resultados indicaram uma redução da síndrome de Burnout quando a organização distribuiu adequadamente a carga de trabalho, estimulando a participação e despertando nos colaboradores sentimentos de valorização pessoal e motivação no trabalho. Outra pesquisa realizada por França e Rodrigues (citados por Silva, 2000), sobre a síndrome de Burnout em trabalhadores, identificou que a "qualidade de vida no trabalho é uma compreensão abrangente e comprometida das condições de vida no trabalho, que inclui aspectos de bem-estar, garantia de saúde e segurança física, mental e social e capacitação para realizar tarefas com segurança e bom uso da energia pessoal". É importante salientar que a manutenção desses aspectos depende simultaneamente dos colaboradores e da organização.

Dort/LER

Os distúrbios osteomusculares têm destaque como uma das patologias mais frequentes em termos de saúde ocupacional. Os sintomas podem estar associados a fatores psicossociais, como o estresse ocupacional, levando ao afastamento do trabalho por parte do colaborador. Os distúrbios osteomusculares relacionados ao trabalho (Dort), as lesões por esforço repetitivo (LER), que e a disfunção osteomuscular por esforço repetitivo (Doer), que são lesões que envolvem tendões dos dedos, mãos e braços que inflamam por causa das tensões e estresses repetitivos. Até mesmo um trabalho pouco desafiador e sem significado pode resultar em tensão muscular com o surgimento de dor, consequência da baixa motivação. Os principais fatores de risco de Dort/LER, segundo Limongi-França (2004), são os seguintes: a) na organização do trabalho tarefas repetitivas, obrigação de ritmo acelerado, excesso de horas trabalhadas e ausência de pausas; b) no ambiente de trabalho – mobiliário e equipamentos que obrigam a adoção de posturas incorretas; c) em condições ambientais impróprias – má iluminação, temperatura, ruídos e vibrações; e d) fatores psicossociais – estresse e demais patologias.

Para evitar essas disfunções, é recomendado fazer pequenos intervalos com exercícios apropriados, alongamentos e mudar de posição constantemente. Esses tipos de lesões, muitas vezes, desaparecem quando detectados no início; caso contrário, podem exigir meses ou anos de tratamento e até correção cirúrgica. Essas patologias são identificadas em todas as atividades que exigem movimentos repetitivos, principalmente no uso de computadores. Atualmente, o progressivo crescimento das Dort/LER assume dimensões sociais e econômicas, refletidas no sofrimento e na incapacidade dos colaboradores para exercer suas atividades, bem como a geração de gastos significativos para organizações e saúde pública.

Depressão

No grupo das doenças mentais graves, a depressão é a mais comum. O conceito de depressão sintetizado por Bohlander, Snell e Sherman (2003, p. 353) é "o estado emocional marcado por sentimento de desânimo, tristeza e perda do prazer em atividades comuns". Geralmente, é acompanhada por sintomas de pessimismo, reduzindo as atividades pessoais e profissionais. Alguns sintomas que podem indicar a depressão: a) acordar cedo demais ou dormir pouco; b) chorar com facilidade; c) beber demais ou perder o apetite; d) perder energia; e) sentir-se isolado; f) sentir dores e indisposição sem motivo aparente; g) dificuldades de concentração; h) perder o interesse sexual; i) retrair-se e ficar apático; e j) perder a autoestima. Considerando que a depressão diminui a produtividade do colaborador, causando problemas de rotatividade, absenteísmo e contribuindo com o uso abusivo de drogas, é importante que os gestores possam identificar os primeiros sinais para tomar providências, como encaminhamentos a tratamento profissional adequado. Além disso, é importante prestar atenção aos erros e acidentes, pois os agentes emocionais são os principais causadores. As informações adequadas aos gestores sobre patologias são fundamentais para manter a qualidade de vida da sua equipe.

Alcoolismo, tabagismo e drogadição

O ambiente de trabalho está se confrontando cada vez mais com problemas relacionados ao álcool e ao uso de drogas. A Organização Mundial da Saúde (OMS) classificou o alcoolismo (síndrome de dependência alcoólica) como doença. "O propósito não foi justificar o alcoolismo, mas ajudar o alcoólico a compreender a gravidade do seu problema" (Rosa, 1998, p. 171). Como o uso e a venda na maioria dos locais são liberados, o álcool possui alto potencial para gerar dependência, causando vários problemas sociais e de saúde. Para Silva e De Marchi (1997), o número de pessoas com problemas de alcoolismo varia entre 4 e 8% do total de colaboradores e é responsável por 30% das internações em hospitais públicos no Brasil e 54% dos acidentes de trabalho. O alcoolismo afeta os trabalhadores, independente de cargo ou ocupação, desde executivos até operários. O custo é muito alto para as organizações, incluindo baixa qualidade e rotatividade. O consumo passa a ser preocupante quando a pessoa perde o controle em situações sociais, passando a consumir o álcool em horários de trabalho. Normalmente, a negação é uma constante e a ajuda deve envolver tratamento especializado.

O impacto do consumo de drogas no ambiente de trabalho prejudica diretamente o desempenho, afetando o colaborador, os colegas, o gestor e a organização como um todo. As emoções ficam imprevisíveis, desestabiliza-se a concentração e corre-se riscos maiores de erros e acidentes. Sentimento de culpa, hostilidade, depressão, solidão caracterizam a tentativa de a pessoa ajustar-se às reações físicas, emocionais, sociais e espirituais decorrentes da dependência. A qualidade e a quantidade de trabalho se reduzem sensivelmente, aumentando o absenteísmo, os atrasos, os custos para a organização.

(9.2)
Manutenção da QVT

Manter um estilo de vida saudável é condição necessária a uma alta qualidade de vida pessoal e profissional. Abster-se de hábitos nocivos e modificar atitudes requer grande comprometimento psicológico e as organizações podem influenciar de forma positiva nesse contexto. Outro aspecto importante é o reconhecimento da influência positiva das atividades físicas na vida das pessoas, relacionadas com a prevenção de várias doenças, como as ocupacionais. Nesse sentido, a empresa exerce um papel fundamental de incentivar esses elementos, uma vez que as pessoas passam, muitas vezes, mais tempo no ambiente de trabalho do que na própria casa.

Para que ocorra uma mudança comportamental em longo prazo, é fundamental que as pessoas sintam que seus valores e objetivos são importantes. Nesse ponto, as organizações vêm assumindo papéis fundamentais na manutenção da qualidade de vida. Conforme Chiavenato (2004), o caráter profilático dos programas de bem-estar, adotados por organizações que procuram prevenir problemas de saúde de seus colaboradores, incentiva o efeito sobre o comportamento e o estilo de vida fora do trabalho, encorajando as pessoas a melhorar sua saúde geral.

A instituição de programas de qualidade de vida no trabalho e a promoção da saúde pelas organizações contribui, decisivamente, para que o colaborador passe a gostar do trabalho, comprometendo-se com os objetivos da organização. O Brasil possui um dos mais detalhados e avançados conjuntos de leis e decretos para os infortúnios do trabalho. Os mais importantes são o Programa de Prevenção de Riscos Ambientais (PPRA) e o Programa de Controle Médico e Saúde Ocupacional (PCMSO). O PPRA tem como objetivo a preservação da integridade do colaborador por meio de ações que eliminem, neutralizem ou reduzam as agressões ambientais, evitando níveis acima dos limites de tolerância estabelecidos, nacional e internacionalmente, e que possam gerar doenças. O objetivo do PCMSO é priorizar a preservação da saúde dos colaboradores, por meio de ações diagnósticas originadas nas agressões das atividades laborais fora do controle (Limongi-França, 2004). Esses dois programas foram introduzidos como normas e legislações há poucos anos, indicando que as organizações brasileiras ainda se encontram em fase de aprendizagem e consolidação.

(9.3)
Modelos de QVT

Os modelos de QVT são pesquisas de autores consagrados na tentativa de levantar indicadores, fatores ou variáveis para explicitar os elementos envolvidos. Esses modelos buscam aliar as características individuais com as situacionais, proporcionando assim a manutenção da qualidade de vida no trabalho. Existem vários modelos, como, por exemplo, o Modelo de Walton, um dos mais completos, o apresentado pelos autores Chiavenato (2004, p. 451) e Fernandes (1996, p. 48). Walton propõe oito categorias conceituais de indicadores de QVT.

Quadro 9.1 – *Modelo de QVT de Walton*

BLOCOS	INDICADORES DE QVT
1. Compensação justa e adequada	Equidade interna e externa; justiça na compensação; partilha dos ganhos de produtividade; proporcionalidade entre salários.
2. Condições de trabalho	Jornada de trabalho razoável; ambiente físico seguro e saudável; ausência de insalubridade.
3. Desenvolvimento de capacidades	Autonomia; autocontrole relativo; qualidades múltiplas; informações sobre o processo total do trabalho.
4. Oportunidade de crescimento e segurança	Possibilidade de carreira; crescimento pessoal; perspectiva de avanço salarial; segurança de emprego.

(continua)

(Quadro 9.1 – conclusão)

BLOCOS	INDICADORES DE QVT
5. Integração social	Ausência de preconceitos; igualdade; mobilidade; relacionamento; senso comunitário.
6. Constitucionalismo	Direitos de proteção do trabalhador; privacidade pessoal; liberdade de expressão; tratamento imparcial; direitos trabalhistas.
7. Trabalho e espaço de vida	Papel balanceado no trabalho; estabilidade de horários; poucas mudanças geográficas; tempo para lazer da família.
8. Relevância social do trabalho na vida	Imagem da empresa; responsabilidade social da empresa; responsabilidade pelos produtos; práticas de emprego.

FONTE: ADAPTADO DE CHIAVENATO, 2004, P. 451; FERNANDES, 1996, P. 48.

Um programa de QVT tem como meta gerar uma organização mais humanizada, portanto, o trabalho deve envolver, simultaneamente, relativo grau de responsabilidade e de autonomia ao nível do cargo, recebimento de recursos de *feedback* sobre o desempenho, com tarefas adequadas, variedade, enriquecimento do trabalho e com ênfase no desenvolvimento pessoal.

(9.4) Programas de QVT

Geralmente, um programa de QVT envolve algumas fases que podem ser aplicadas pelas organizações.

- SENSIBILIZAÇÃO: É a fase em que a alta administração decide pela implementação de um programa de QVT. Salientamos que o comprometimento da alta administração, dos gestores e das equipes do projeto de QVT para com os objetivos é vital para o êxito. Outro ponto importante é a preparação dos gestores coagentes de mudança na implementação do programa.
- PLANEJAMENTO: É a fase em que são selecionadas as estratégias necessárias à condução da experiência, formando a equipe do projeto, estruturando modelos, instrumentos a serem utilizados e cronograma inicial.
- DIAGNÓSTICO: Essa fase compreende a coleta de informações sobre a natureza e funcionamento do sistema de gestão de pessoas da organização, além da realização de uma pesquisa-diagnóstica sobre satisfação em QVT.
- EXECUÇÃO E IMPLEMENTAÇÃO DO PROJETO OU PLANO DE AÇÃO: À luz das informações coletadas, tabuladas e tratadas pela pesquisa, a equipe de projeto dispõe de um diagnóstico bastante preciso da situação. Aqui são estabelecidas as prioridades (curto e médio prazo) no cronograma de implementação das ações estratégicas relativas aos indicadores que se mostraram passíveis de melhorias na pesquisa-diagnóstica. Essas ações envolvem condições de trabalho, ambiente físico, segurança, higiene, tecnologia, métodos de trabalho, fluxos, equipamentos, novas formas de organização do trabalho, práticas e políticas de gestão de pessoas, treinamento, avaliação, remanejamento, educação, encaminhamentos, implementação de palestras, grupos terapêuticos, oficinas, ginástica laboral, prevenção de patologias, ergonomia e outros tantos, conforme a pesquisa realizada e as necessidades detectadas.
- AVALIAÇÃO E MANUTENÇÃO: A avaliação pode ser realizada de forma anual, sendo aplicada a mesma pesquisa

ou criando-se outros instrumentos específicos para as ações estratégicas implantadas. A equipe do projeto pode variar os componentes para comprometer mais as pessoas e fornecer maior credibilidade ao programa; contudo, a manutenção é imprescindível para o sucesso da implementação da QVT.

São muitas as razões que justificam a implementação de um programa de QVT. No entanto, é necessário investigar cuidadosamente os fatores que podem influenciar positiva ou negativamente esse processo, como: a) cultura e clima participativos; b) políticas de gestão de pessoas claras e praticadas que valorizem as pessoas; c) códigos de ética transparentes; d) canais abertos de comunicação interna; d) infraestrutura ambiental, de maquinários e equipamentos adequada; e) adoção e crédito do programa pela alta direção e colaboradores; f) envolvimento de todos, principalmente do corpo gerencial como agentes de mudanças; e g) educação continuada.

(.)
Ponto final

As definições e vertentes que envolvem a qualidade de vida no trabalho indicam que, no momento atual, ela não é um modismo e, sim, um processo que aumenta a vantagem competitiva das organizações, por meio do desenvolvimento integral das pessoas. Atualmente, as ações de QVT não podem mais ser consideradas apenas para melhorar a imagem da empresa, por isso é importante que os gestores analisem os fatores que potencializam ou dificultam os programas de QVT, para que as ações estratégicas representem o discurso e a prática. As perspectivas existentes com relação à QVT são imensas, pois colaboradores engajados, felizes, motivados e realizados profissional e pessoalmente mantêm bons desempenhos.

Atividades

1. A .... tem como objetivo maior levantar alternativas para a manutenção de ambientes de trabalho saudáveis para as pessoas, tendo como consequência maior qualidade e produtividade.
   a. Gestão de necessidades.
   b. Produtividade.
   c. Qualidade de vida.
   d. Satisfação pessoal.

2. São resultados: positivos da tensão com equilíbrio entre esforço, tempo, realização, resultados, e negativos do esforço gerado pela tensão mobilizada pela pessoa.
   a. Estresse/*distress*.
   b. Eustresse/*distress*.
   c. *Distress*/eustress.
   d. Eustresse/estresse.

3. Um programa de QVT tem como meta:
   a. gerar uma organização mais organizada.
   b. promover a saúde física dos colaboradores.
   c. implantar a consciência sobre a saúde.
   d. gerar uma organização mais humanizada.

(10)

Ética na gestão de pessoas

Sonia Mara Thater Romero
Selma França da Costa e Silva

A ética empresarial aplicada à gestão de pessoas (GP) preocupa-se com os principais problemas éticos nas organizações, principalmente na atualidade, quando emergem problemas éticos na sociedade. A ética, segundo Srour (2003, p. 15) estuda "os fenômenos morais e, mais especificamente, as morais históricas, os códigos de normas que regulam as relações e as condutas dos agentes sociais, os discursos normativos que identificam, em cada coletividade, o que é certo ou errado fazer". Por outro lado, para Fraedrich, Ferrell e Ferrell (2001, p. 7), a "ética empresarial compreende princípios e padrões que orientam o comportamento no mundo dos negócios". Portanto, nesse conceito, as organizações possuem responsabilidade social perante a sociedade, que inclui responsabilidades econômicas, legais, éticas e filantrópicas.

(10.1)
Problemas éticos nas organizações

Os problemas éticos nas organizações podem ser divididos em dois tipos, conforme Nash (2001): racionalizações e dilemas. Vejamos uma descrição de cada um deles a seguir:

- RACIONALIZAÇÕES OU QUESTÕES: Envolvem situações nas quais as pessoas sabem o que é certo fazer, mas não o fazem mediante justificativas ou racionalizações propriamente ditas, como, por exemplo: "todo mundo faz assim"; "se eu não fizer, outro vai fazer"; "ninguém se importa", e outras. Portanto, as racionalizações são fáceis de identificar; todos concordam que é uma questão ética; apontam o certo e o errado; há certeza ética, mas nem sempre a pessoa faz. Exemplos: fraudes; comissão para ganhar licitações; declarar valores fictícios; subornos; omitir informações; sub ou superfaturar; ganância; acordos de preços; inadimplência; favoritismos; sacrifício dos mais fracos para cumprir metas; metas inatingíveis.
- DILEMAS: São situações nas quais as pessoas não sabem o que é certo fazer, constituem problemas de incerteza, pois nem a organização nem as normas vigentes asseguram com absoluta tranquilidade o que fazer.

Os dilemas são difíceis de identificar, as pessoas têm dúvidas se é uma questão ética; existem muitos valores e normas conflitantes; há um certo ou vários certos ou dúvidas coletivas sobre o certo e o errado; as pessoas sabem que têm de fazer algo, mas não sabem exatamente o que fazer e/ou não têm capacidade para fazer; exige processo cuidadoso de avaliação e de tomada de decisão. Exemplos: fechar ou não uma empresa, despedindo todos, se ela não está dando lucro? Aceitar fazer espionagem industrial se a empresa corre risco de falir? As soluções desses problemas passam por testes éticos, com a aplicação de questões reflexivas sobre ética e exigem identificar e descrever o problema: técnico e ético; identificar e avaliar as diversas alternativas, como pessoas, códigos de ética, valores, leis; assinalar as consequências: tempo, eficácia; esboçar uma possível decisão; confrontar; tomar a decisão e comunicar aos envolvidos; executar e acompanhar os resultados.

Uma das formas de gerenciar os problemas éticos nas organizações é a implementação de PROGRAMAS ÉTICOS com o CÓDIGO DE ÉTICA EMPRESARIAL. Os requisitos necessários para a implementação desses programas, conforme Fraedrich, Ferrell e Ferrell (2001, p. 161-164), são: padrões e procedimentos (códigos de ética); pessoas de alto nível como responsáveis; autoridade para pessoas éticas; comunicação eficaz (treinamento em ética); sistemas de monitoração (auditorias); exigências coerentes para cumprir prazos, códigos e punições; e aprimoramento contínuo do programa de cumprimento de normas éticas. Portanto, não basta implementar o código de ética, também é preciso envolver e comprometer toda a organização. Fraedrich, Ferrell e Ferrell (2001, p. 161--164) apontam seis passos fundamentais para a implementação do código de ética nas organizações: distribuí-lo para todos os colaboradores e organizações coligadas; ajudar e treinar todos os colaboradores na interpretação e compreensão do código; especificar o papel dos gestores na implementação (modelos éticos); informar aos colaboradores a sua responsabilidade e explicar os objetivos do código de ética; criar mecanismos para apresentação de problemas; conter conclusão ou declaração final no código que demonstre o aceite dos colaboradores.

Contudo, os problemas éticos ainda vão além dos citados; atualmente, os gestores precisam voltar-se também para as questões de assédio moral, sexual e o combate à discriminação pela gestão da diversidade.

(10.2)
Assédio nas organizações

O conceito de ASSÉDIO MORAL pode ser entendido, conforme Hirigoyen (2002, p. 17), como "toda e qualquer conduta abusiva (gesto, palavra, comportamento, atitude) que atente, por sua repetição ou sistematização, contra a dignidade ou a integridade psíquica ou física de uma pessoa, ameaçando seu emprego ou degradando o clima de trabalho". Portanto, o assédio moral implica situações humilhantes, constrangedoras, que se repetem por determinado tempo durante a atividade profissional, de forma que a vítima fica emocionalmente abalada. É mais comum em relações hierárquicas, com abuso de poder, e pode envolver um ou mais subordinados, fazendo, inclusive, a pessoa desistir do emprego.

A pesquisa realizada por Barreto (2003) exemplifica as situações/ações de assédio moral mais frequentes nas organizações: dar orientações confusas e imprecisas, bloquear o andamento do trabalho alheio, atribuir erros imaginários, ignorar a presença do colaborador na frente de outros, pedir trabalhos urgentes sem necessidade, fazer críticas em público, sobrecarregar o colaborador de trabalho, não cumprimentá-lo e não lhe dirigir a palavra, impor horários injustificados, fazer circular boatos maldosos e calúnias, forçar a demissão, insinuar que o colaborador tem problemas mentais ou familiares, transferir de setor, não atribuir tarefas, retirar equipamentos de trabalho (telefone, fax, computador, mesa), agredir preferencialmente quando está a sós com o assediado, fazer brincadeiras de mau gosto, vigiar constantemente o trabalho, exigir metas impossíveis, induzir ao erro, fazer pressões excessivas de prazos, proibição para participar de cursos e eventos, ridicularizar opções pessoais, valores, entre outras tantas.

O ASSÉDIO SEXUAL pode ser compreendido como um tipo de coerção de caráter sexual praticado por uma pessoa, geralmente em posição hierárquica superior em relação a um(a) subordinado(a), normalmente em local de trabalho ou ambiente doméstico (empregado, visitante ou hóspede). O assédio sexual caracteriza-se por uma forma de coerção aberta ou insinuada contra a pessoa, com o objetivo de obter favores sexuais, usando de ameaças e/ou punições que causam desconforto e intimidações e interferem no andamento das atividades profissionais (Spector, 2004). Como exemplo, podemos citar ameaça de demissão, transferência ou imposição de condições para promoções, caso a pessoa se recuse a aceitar a coerção. As características do assédio sexual, segundo Costa (1995, p. 86), são as seguintes: a) o comportamento é indesejado por uma das partes; b) existe pressão da outra parte; e c) o comportamento representa um exercício de poder. Além do mais, esse tipo de atitude interfere nas atividades de trabalho das pessoas, criando ambientes humilhantes e intimidantes.

Geralmente, a vítima do assédio sexual é a mulher, embora também existam casos de assédio sexual contra homens, tanto em relações heterossexuais como homossexuais. Do mesmo modo, o agressor pode ser homem ou mulher. A Lei nº 10.224, de 15 de maio de 2001, altera o Decreto-Lei nº 2.848, de 7 de dezembro de 1940, do Código Penal, para dispor sobre o crime de assédio sexual com o seguinte texto: "Constranger alguém com o intuito de obter vantagem ou favorecimento sexual, prevalecendo-se o agente da sua condição de superior hierárquico ou ascendência inerentes ao exercício de emprego, cargo ou função". A pena é de detenção de um a dois anos. Cabe, portanto, ao corpo gerencial também estar preparado para lidar com essas situações, denunciando e acompanhando as vítimas por meio da área de GP em programas de apoio aos colaboradores.

Em todos os casos, ambas as formas de abuso de poder são indesejadas, pois afetam negativamente o trabalho e a equipe, gerando um clima inadequado e hostilidades, com prejuízos à produtividade e à obtenção de resultados. Essas situações, quando não são adequadamente gerenciadas, acabam gerando custos diretos, como despesas com reclamatórias e custos indiretos, no moral do grupo e, principalmente, na imagem da organização frente aos *stakeholders*. Os gestores precisam ficar atentos a quaisquer tipos de indicadores desses problemas, encaminhar as devidas providências e evitar assim formas de abuso de poder.

(10.3)

Gestão da diversidade e relações de gênero

Outro aspecto que envolve questões éticas nas organizações é a gestão da diversidade. Enquanto a diferença separa, a diversidade aceita a diferença. Diversidade é pluralidade. Pesquisas americanas indicam que cada vez mais os gestores lidam com pessoas diferentes (etnia, raça, cultura, valores, formação) e que essas diferenças aumentam a produtividade. Adaptar-se às diferenças das pessoas é um dos grandes desafios dos gestores (Muchinsky, 2004). Um dos conceitos amplos sobre diversidade é apresentado por Thomas Junior (1991, p. 10): "engloba a idade, história pessoal e corporativa, formação educacional, função e personalidade. Inclui também estilo de vida, preferência sexual, origem geográfica, tempo de serviço na organização e privilégio por *status*". Portanto, a diversidade pode abranger quatro aspectos: a) diversidade cultural/étnica, voltada às múltiplas formas de etnias e raízes culturais das pessoas; b) diversidade inclusiva, que se refere às pessoas com deficiência e à sua inclusão sem discriminação no mundo do trabalho; c) diversidade pessoal, considera as diversas aptidões, competências e saberes de cada pessoa e sua contribuição na atividade profissional; e d) diversidade de gênero, envolve as oportunidades iguais para homens e mulheres no mundo do trabalho.

Organizações que empregam a diversidade cultural nos seus quadros de pessoal podem obter maior produtividade. Este aspecto é defendido pelo estudo de Richard (2000) sobre diversidade cultural, reforçando que as organizações precisam gerenciar a diversidade, não por uma necessidade legal, mas porque uma força de trabalho com equilíbrio sexual, étnico e racial contribui para maior produtividade, retorno sobre lucros e melhor desempenho no mercado. (Romero; Finamor, 2007)

Além do mais, as diversidades somam aptidões e potenciais para atingir os objetivos organizacionais. Contudo, os autores afirmam que "no Brasil é rara a literatura que trata diretamente da questão da diversidade cultural nas organizações" (Romero; Finamor, 2007), apontando a falta de preparo dos gestores.

Para analisar a diversidade de gênero nas organizações, é importante conceituar o termo *gênero*. Entre todos os conceitos de gênero, o apresentado por Scott (1995, p. 86) pode ser considerado o mais completo e abrangente. Para ela, o termo *gênero* é um conceito composto por duas partes. Primeiramente, "o gênero é um elemento constitutivo das relações sociais, baseadas nas diferenças percebidas entre os sexos"; e, segundo, "o gênero é uma forma primária de dar significado às relações de poder". Desse modo, o gênero é uma categoria de construção social, pois carrega os aspectos formatados pela cultura que entendem o feminino e o masculino, diferente de sexo, que se refere apenas aos aspectos biológicos.

Para um entendimento mais amplo, é importante realizar um apanhado histórico da inserção da mulher no mundo do trabalho e no mundo organizacional. O apanhado histórico pode ser resumido nos seguintes tópicos principais, com base nos autores Alves e Pitanguy (1991), Bassanezi (1997), Muraro (2000), Lins (1999), Watkins, Rueda e Rodriguez (1992) e Romero (2001, 2006b):

- Os primeiros hominídeos são grupos pacíficos, coletores/caçadores e dimórficos, com famílias estáveis e tendências matrilocais. As mulheres encarregam-se dos alimentos, mas também caçam. O *Homo sapiens* reforça a divisão sexual do trabalho, mas, em algumas sociedades, as mulheres fazem cerâmicas e os homens pescam; em outras, acontece o contrário. Com a tendência de alimentar o grupo, as mulheres ficam fixas; os homens têm mais liberdade. No Egito Antigo, em torno de 2400 a.c., as mulheres detinham o poder econômico, as crianças e a casa, contudo perderam esse poder e passaram a ser classificadas como objetos, juntamente com os artigos de exportação. Na Grécia Antiga, as mulheres ocupavam o lugar do escravo, com o dever de procriar e eram excluídas do conhecimento e da política. As únicas mulheres públicas eram as prostitutas. As atenienses estavam na mesma condição e, mesmo trabalhando, eram sub-remuneradas. O Império Romano libertou um pouco os direitos das mulheres por meio das "matronas" romanas. As trabalhadoras envolviam-se com linho, pintura e bordados. Nos primórdios, o cristianismo pregava a igualdade; entretanto, crescia a misoginia.

- No início da Idade Média, séculos V a X, a situação melhorou: as mulheres exerciam quase todas as profissões e tinham direito à propriedade e à sucessão. No entanto, esses direitos foram duramente perdidos quando o feudalismo solidificou a desigualdade. Nessa época, prevaleciam dois estereótipos dicotômicos: a donzela e as bruxas. Assim, o saber feminino foi queimado na figura de Joana d'Arc diante do saber "científico". As mulheres que trabalhavam recebiam salários muito menores. No Renascimento, a posição da mulher retrocedeu ainda mais, com a valorização do trabalho do homem. Nos séculos XVII e XVIII, as mulheres passaram a fazer parte dos excluídos, junto de negros, índios e brancos de baixa renda. A repressão do movimento feminista pela guilhotina fechou a entrada da mulher no mundo público.

- No século XIX, a consolidação do sistema capitalista pela industrialização trouxe os primeiros sindicatos femininos e as greves; houve o reconhecimento do trabalho doméstico e a entrada da mulher pela profissão de secretária, bem como professora, com a feminização do magistério. No Brasil, as escolas normalistas formavam moças "educadas para as normas", discretas, dóceis, dignas, assexuadas e apolíticas. O fato marcante da época, que gerou o Dia Internacional da Mulher, envolve a morte de 126 operárias queimadas numa indústria têxtil de Nova Iorque, em 1857, por reivindicarem licença-maternidade, igualdade salarial em relação aos homens e redução da jornada de trabalho de 12 para 10 horas diárias.
- O início do século XX mudou pouco; as mulheres adquiriram o direito ao voto na maioria dos países industrializados. A domesticidade adquiriu bases "científicas", com os estudos de Freud. No Brasil, o direito de voto para mulheres surgiu em 1932, na presidência de Getúlio Vargas. No final da Segunda Guerra Mundial, com o retorno dos homens, as mulheres tiveram de desocupar os postos de trabalho. Surgiu o estereótipo da "rainha do lar" como uma forma pseudossupervalorizada dos papéis de mãe e esposa.
- Anos 1950-1960. Início das denúncias que estruturam os pilares dos movimentos feministas com Simone de Beauvoir e Betty Friedan, que ameaçaram destruir o lar e escravizar os homens, os quais se defendiam tachando-as de feias, mal-amadas e lésbicas. Depois,

os dourados anos de 1960 trouxeram uma mulher feliz e satisfeita com seu marido. O chefe de família e a moralidade reinavam no seio da sociedade, sufocando a sexualidade já reprimida.

- Nos anos de 1970, com a emergente sociedade de consumo, os movimentos ecológicos e antinucleares consolidaram a rebeldia dos movimentos feministas e a entrada maciça das mulheres no mercado de trabalho, ganhando metade do que os homens ganhavam pelo mesmo tipo de atividade. No Brasil, emergiram movimentos feministas, como grupos de mulheres rurais, grupos de mulheres trabalhadoras e clubes de mães, bem como as primeiras greves do magistério.

- A década de 1980 foi marcada pelo surgimento da Aids, provocando novamente uma virada conservadora; o feminismo era considerado antiquado, os novos valores eram o consumismo e o individualismo competitivo. Com o processo de redemocratização do Brasil, consolidaram-se os movimentos grupais sociais, que contribuíam para o debate de temas como mulheres, saúde e cidadania e renovavam-se as greves do magistério. Entretanto, ainda havia muita discriminação no contexto organizacional: as mulheres recebiam salários mais baixos, sofriam com o assédio sexual, eram vistas como grávidas em potencial e submetidas a tarefas minuciosas, repetitivas e desvalorizadas. Também eram acometidas de doenças como: LER, estresse e problemas cardíacos que atingiam, prioritariamente, os homens.

- Nos anos de 1990, o quadro mudou pouco, apesar de a mídia, forçosamente, demonstrar que existia igualdade entre homens e mulheres. Mantinham-se os estereótipos das profissões "masculinas" e "femininas", bem como a pseudonovidade do jeito "masculino" e "feminino" de administrar, alimentando a desigualdade. Havia uma supervalorização da mulher que trabalhava fora e conseguia "conciliar" seu papel de mãe e esposa. A participação das mulheres nos cargos de comando diminuiu à medida que elas subiam na hierarquia funcional; na vida política, a situação se repetia. Continuam os crimes de assédio sexual, dependência psicológica dos homens e o fenômeno do Teto de Vidro – barreira invisível, mas forte o suficiente para impedir a mulher de galgar posições mais prestigiadas.

Apesar de tudo, algumas mulheres empreendedoras estão abrindo seus próprios negócios. Entretanto, Setien et al. (1992) observam que esses negócios, na sua maioria, estão dentro dos setores "femininos". São pequenos comércios e salões de beleza, com horários flexíveis. Essas mulheres, na sua maioria, separadas, viúvas ou solteiras, buscam, primordialmente, sanar deficiências econômicas e, posteriormente, encontrar realização profissional. Além do mais, o trabalho secundário é ocupado essencialmente por mulheres, caracterizado pela temporalidade, por condições precárias de higiene e de segurança, falta de qualificação e ascensão profissional, falta de regulamentação e de reconhecimento profissional, resultados da crise econômica mundial. Os tipos predominantes dessa forma de trabalho envolvem trabalho em domicílio, empresas clandestinas, falsas cooperativas, distribuição e venda clandestina de produtos, prostituição e outros. Dessa forma, é possível perceber como ainda é forte a discriminação contra as mulheres e sua dificuldade de colocação no mercado de trabalho formal.

A pesquisa de Romero, Strey e Marques (2001), realizada com estudantes do curso de Administração de Empresas em uma universidade privada gaúcha, identificou o que alunos(as) pensam sobre a profissão de administradores(as). Os resultados apontam que a profissão de administrador(a) ainda é vista com certa discriminação, mais pelos alunos do que pelas alunas. As alunas afirmaram que a profissão é para ambos, mas os alunos apontam que ADMINISTRAR É MAIS INDICADO PARA OS HOMENS. Esses dados são confirmados por Romero (2001), no levantamento dos últimos dez anos, entre alunos e alunas que ingressaram em uma universidade privada gaúcha. Constatou-se que a participação dos homens nos cursos de Pedagogia e Psicologia aumentou apenas 3,7% e 3,8%, respectivamente; já a participação das mulheres no curso de Engenharia Elétrica decresceu 0,5% e, no curso de Administração de Empresas, aumentou somente 3,5%, reafirmando os estereótipos profissionais.

Portanto, as diferenças observadas entre homens e mulheres são mais em função dos preconceitos no processo de observação do que por diferenças reais. Por isso, é importante manter iguais oportunidades de ascensão aos cargos de comando para homens e mulheres. O desenvolvimento de uma liderança eficaz não é concernente ao gênero, mas, sim, à capacidade que cada pessoa tem de desenvolver e adotar novos modelos de comportamento.

(.)

Ponto final

Os estudos sobre ética na gestão de pessoas englobam várias áreas e temáticas. Problemas éticos são enfrentados diariamente pelos gestores de pessoas que precisam de preparo para lidar com certas situações. Os principais problemas éticos envolvem dilemas, racionalizações, assédio moral e sexual. A gestão da diversidade, tema novo, também exige dos gestores novos paradigmas para entender as relações complexas no mundo do trabalho. Portanto, gerenciar a diversidade em todas as suas instâncias é um dos desafios dos gestores de pessoas.

Atividades

1. Existem, atualmente, alguns processos para gerenciar os problemas éticos nas organizações; um deles é a implementação de programas éticos com o código de ética empresarial. Entre os requisitos necessários para a implementação desses programas, estão:
   a. procedimentos e averiguações.
   b. análises e punições.
   c. constatações e avaliações.
   d. padrões e procedimentos.

2. São consideradas situações/ações de assédio moral mais frequentes nas organizações:
   a. Fazer críticas em particular.
   b. Pressões excessivas de prazos.
   c. Atribuir tarefas.
   d. Oferecer orientações paralelas.

3. A gestão da diversidade no estudo sobre ética organizacional pode ser analisada em quatro aspectos:
   a. Cultural/étnica, inclusiva, pessoal e de gênero.
   b. Inclusiva, progressiva, interpessoal e de gênero.
   c. Transcultural, intergrupal, de gênero e étnica.
   d. Étnica, profissional, pessoal e cultural.

Referências

ALBUQUERQUE, L. A gestão estratégica de pessoas. In: FLEURY, M. T. (Coord.). *As pessoas na organização*. São Paulo: Gente, 2003. p. 35-50.

ALVES, B. M.; PITANGUY, J. *O que é feminismo*. São Paulo: Brasiliense, 1991.

ARANTES, M. A. de A.; VIEIRA, M. J. F. *Estresse*. 2. ed. São Paulo: Casa do Psicólogo, 2002. 142 p. (Coleção Clínica Psicanalítica, v. XVII).

BARNARD, C. I. *As funções do executivo*. São Paulo: Atlas, 1971.

BARRETO, M. *Violência, saúde e trabalho*: uma jornada de humilhações. São Paulo: PUCSP/Educ/Fapesp, 2003.

BASSANEZI, C. Mulheres dos anos dourados. In: DEL PRIORE, M. (Org.). *História das mulheres no Brasil*. São Paulo: Contexto, 1997. p. 607-639.

BITENCOURT, C.; BARBOSA, A. C. Q. A gestão de competências. In: BITENCOURT, C. *Gestão contemporânea de pessoas*: novas práticas, conceitos tradicionais. Porto Alegre: Bookman, 2004. p. 238-264.

BOHLANDER, G.; SNELL, S.; SHERMAN, A. *Administração de recursos humanos*. São Paulo: Pioneira Thomson Learning, 2003.

BORGES-ANDRADE, J. E.; ABBAD, G. da S.; MOURÃO, L. *Treinamento, desenvolvimento e educação em organizações e trabalho*: fundamentos para a gestão de pessoas. Porto Alegre: Artmed, 2006.

BRASIL. Lei n° 10.224, de 15 de maio de 2001. *Diário Oficial da União*, Poder Legislativo, Brasília, DF, 16 maio 2001. Disponível em: <http://www.planalto.gov.br/ccivil/LEIS/LEIS_2001/L10224.htm>. Acesso em: 21 nov. 2007.

CARBONE, P. P. et al. *Gestão por competências e gestão do conhecimento*. 2. ed. São Paulo: Ed. da FGV, 2006.

CARVALHO, A. V. de; NASCIMENTO, L. P. do. *Administração de recursos humanos*. São Paulo: Pioneira, 1999. v. 1.

CAVALCANTE, M.; NEPOMUCENO, C. *O conhecimento em rede*: como implantar projetos de inteligência coletiva. Rio de Janeiro: Campus-Elsevier, 2007.

CHIAVENATO, I. *Gestão de pessoas*: o novo papel dos recursos humanos nas organizações. 2. ed. Rio de Janeiro: Campus, 2004.

_____. *Introdução à teoria geral da administração*. 7. ed. São Paulo: Campus, 1993.

_____. *Recursos humanos*: edição compacta. 6. ed. São Paulo: Atlas, 1999.

CHOWDHURY, S. *Administração no século XXI*: o modo de gerenciar hoje e no futuro. São Paulo: Pearson Education do Brasil, 2003.

CODO, W.; SAMPAIO, J. J. C.; HITOMI, A. H. *Indivíduo, trabalho e sofrimento*: uma abordagem interdisciplinar. Petrópolis: Vozes, 1993.

COSTA, S. G. da. *Assédio sexual*: uma versão brasileira. Porto Alegre: Artes e Ofícios, 1995.

CRUZ, T. *Gerência do conhecimento*. São Paulo: Cobra, 2002.

DAVIS, K.; NEWSTROM, J. W. *Comportamento humano no trabalho*. São Paulo: Pioneira, 1996.

DESSLER, G. *Administração de recursos humanos*. 2. ed. São Paulo: Prentice Hall, 2003.

DUTRA, J. S. *Gestão de pessoas*: modelo, processos, tendências e perspectivas. São Paulo: Atlas, 2002.

FERNANDES, E. C. *Qualidade de vida no trabalho*: como medir para melhorar. Salvador: Casa da Qualidade, 1996.

FIA/FEA/USP. Para onde vai a gestão de pessoas. *HSM Management*, São Paulo, n. 44. p. 53-59, maio/jun. 2004.

FRAEDRICH, J.; FERRELL, L.; FERRELL, O. C. *Ética empresarial*: dilemas, tomadas de decisões e casos. Rio de Janeiro: Reichmann & Affonso, 2001.

GASALLA, J. M. *A nova gestão de pessoas*: o talento executivo. São Paulo: Saraiva, 2007.

GDIKIAN, E. A.; SILVA. M. C. da. *Educação estratégica nas organizações*. Como as empresas de destaque gerenciam o processo de educação corporativa. Rio de Janeiro: Qualitymark; São Paulo, ABRH, 2002.

GIL, A. C. *Administração de recursos humanos*: um enfoque profissional. São Paulo: Atlas, 1996.

_____. *Gestão de pessoas*: enfoque nos papéis profissionais. São Paulo: Atlas, 2001.

GOULART, I. B.; SAMPAIO, J. dos R. Qualidade de vida no trabalho: uma análise das empresas brasileiras. In: SAMPAIO, J. dos R. (Org.). *Qualidade de vida no trabalho e psicologia social*. 2. ed. São Paulo: Casa do Psicólogo, 2004. p. 25-48.

GRAMIGNA, M. R. *Modelo de competências e gestão de talentos*. 2. ed. São Paulo: Pearson Prentrice Hall, 2007.

HAMEL, G.; PRAHALAD, C. K. *Competindo pelo futuro*. Rio de Janeiro: Campus, 1995.

HANASHIRO, D. M. M.; TEIXEIRA, M. L. M.; ZACCAR, L. M. *Gestão do fator humano*: uma visão baseada em *stakeholders*. São Paulo: Saraiva, 2007.

HIRIGOYEN, M-F. *Mal-estar no trabalho*: redefinindo o assédio moral. Rio de Janeiro: Bertrand Brasil, 2002.

LACOMBE, F. *Recursos humanos*: princípios e tendências. São Paulo: Saraiva, 2005.

LEWIN, K. *Problemas de dinâmica de grupo*. 2. ed. São Paulo: Cultrix, 1973.

LIMONGI-FRANÇA, A. C. *Qualidade de vida no trabalho – QVT*: conceitos e práticas nas empresas da sociedade pós-industrial. 2. ed. São Paulo: Atlas, 2004.

LIMONGI-FRANÇA, A. C.; ARELLANO, E. B. Qualidade de vida no trabalho. In: FLEURY, M. T. L. (Coord.). *As pessoas na organização*. 2. ed. São Paulo: Gente, 2002. p. 295-306.

LIMONGI-FRANÇA, A. C.; RODRIGUES, A. L. *Stress e trabalho*: uma abordagem psicossomática. 2. ed. São Paulo: Atlas, 1999.

LINS, R. N. *A cama na varanda*. Rio de Janeiro: Rocco, 1999. 337 p.

MARRAS, J. P. *Administração de recursos humanos*: do operacional ao estratégico. 3. ed. São Paulo: Futura, 2000.

MAXIMIANO, A. C. A. *Teoria geral da administração*: da escola científica à competitividade em economia globalizada. São Paulo: Atlas, 1997.

MELO NETO, F. P. de; FROES, C. *Responsabilidade social & cidadania empresarial*: a administração do terceiro setor. Rio de Janeiro: Qualitymark, 2002.

MENDES, A. M.; MORRONE, C. F. Vivências do prazer: sofrimento e saúde psíquica no trabalho – trajetória conceitual e empírica. In: MENDES, A. M.; BORGES, L. de O.; FERREIRA, M. C. *Trabalho em transição, saúde em risco*. Brasília: Ed. da UNB, 2002. p. 25-42.

MILKOVICH, G. T.; BOUDREAU, J. W. *Administração de recursos humanos*. São Paulo: Atlas, 2000.

MINTZBERG, H.; AHLSTRAND, B.; LAMPEL, J. *Safári de estratégia*: um roteiro pela selva do planejamento estratégico. Porto Alegre: Bookman, 2000.

MORIN, E. *A cabeça bem-feita*: repensar a reforma, reformar o pensamento. Rio de Janeiro: Bertrand Brasil, 2000.

MOSCOVICI, F. *Equipes dão certo*: a multiplicação do talento humano. 8. ed. Rio de Janeiro: J. Olympio, 2003.

MUCHINSKY, P. M. *Psicologia organizacional*. São Paulo: Pioneira Thomson Learning, 2004.

MURARO, R. M. *A mulher no terceiro milênio*. Rio de Janeiro: Rosa dos Tempos, 2000.

NASH, L. *Ética nas empresas*: boas intenções à parte. São Paulo: Makron Books, 2001.

NISEMBAUM, H. Gestão do Conhecimento. In: BOOG, G.; BOOG, M. (Org.). *Manual de gestão de pessoas e equipes*: um guia de operações. São Paulo: Makron Books, 2001. p. 185-203. v. 1. Manual Oficial da ABTD.

NONAKA, I.; TAKEUCHI, H. *Criação de conhecimento na empresa*: como as empresas japonesas geram a dinâmica da inovação. Rio de Janeiro: Campus, 1997.

PORTER, M. *A vantagem competitiva das nações*. Rio de Janeiro: Campus, 1993.

_____. *Estratégia competitiva*: técnicas para análise de indústrias e da concorrência. 2. ed. Rio de Janeiro: Campus, 2005.

_____. *Vantagem competitiva*: criando e sustentando um desempenho superior. Rio de Janeiro: Campus, 1986.

RICHARD, O. Racial Diversity, Business Strategy and Firm Performance: a Resource Based View. *Academy of Management Journal*, Birmingham, Alabama, v. 2, n. 43, p. 164-177, 2000.

ROBBINS, S. P; DECENZO, D. *Administração de recursos humanos*. 6. ed. Rio de Janeiro: LTC, 2001.

ROGERS, C. R. *Grupos de encontro*. São Paulo: M. Fontes, 1994.

ROMERO, S. M. T. A subjetividade nas organizações: a pessoa como ser bio--psico-social na era do conhecimento. In: ROMERO, S. M. T. (Org.). *Gestão inovadora de pessoas e equipes*. Porto Alegre: Alternativa, 2006a.

_____. *Instrutores e multiplicadores de qualidade*: orientação didático-pedagógica para instrutores e multiplicadores nas organizações. Canoas: La Salle, 2004.

_____. Relações de gênero no contexto organizacional. *Caesura*: revista crítica de Ciências Sociais e Humanas, Canoas, n. 28, p. 99-111, jan./jun. 2006b. Disponível em: <http://www.editoradaulbra.com.br/catalogo/periodicos/pdf/periodico5_28.pdf>. Acesso em: 20 fev. 2008.

_____. *Relações de gênero no contexto organizacional*. Porto Alegre, 2001. 309 f. Tese (Doutorado em Psicologia) – Programa de Pós-Graduação em Psicologia, Faculdade de Psicologia, Pontifícia Universidade Católica do Rio Grande do Sul.

ROMERO, S. M. T.; FINAMOR, A. L. N. As questões de gênero no ensino de graduação em administração: o caso de uma universidade privada do Rio Grande do Sul, Brasil. *Revista Educação* – UFSM, Santa Maria, v. 32, n. 1, 2007. Disponível em: <http://coralx.ufsm.br/revce/revce/2007/01/a10.htm>. Acesso em: 25 fev. 2008.

ROMERO, S. M. T.; STREY, M. N.; MARQUES, J. C. Relações de gênero na escolha profissional de administrador/a: uma pesquisa preliminar com estudantes. *Psico*: Revista Semanal da Faculdade de Psicologia da PUCRS, v. 32, n. 1, p. 39-59, jan./jul. 2001.

ROSA, D. F. da. *A arte de viver bem*. 2. ed. Porto Alegre: Pallotti, 1998.

RUAS, R.; ANTONELLO, C.; BOFF, L. H. *Os novos horizontes da gestão*: aprendizagem organizacional e competências. Porto Alegre: Bookman, 2005.

RUZZARIN, R.; AMARAL, A. P. do; SIMIONOVSCHI, M. *Sistema integrado de gestão de pessoas com base em competências*. Porto Alegre: AGE, 2006.

SCHULTZ, D. P.; SCHULTZ, S. E. *História da psicologia moderna*. São Paulo: Cultrix, 1992.

SCOTT, J. Gênero: uma categoria útil de análise histórica. *Educação & Realidade*, Porto Alegre, v. 2, n. 20, p. 71-99, jul./dez. 1995.

SENGE, P. *A quinta disciplina*. São Paulo: Qualitymark, 2000.

SETIEN, P. G. et al. *El trabajo de las mujeres a través de la historia*. Madrid: Instituto de la Mujer, 1992.

SILVA, F. P. P. da. Burnot: um desafio à saúde do trabalhador. *PSI – Revista de Psicologia Social e Institucional da Universidade Estadual de Londrina*, Londrina, v. 2, n. 1, jun. 2000. Disponível em: <www2.uel.br/ccb/psicologia/revista/texto v2n15.htm>. Acesso em: 25 abr. 2006.

SILVA, M. A. D.; DE MARCHI, R. *Saúde e qualidade de vida no trabalho*. São Paulo: Best Seller, 1997.

SILVA, M. de O. *Gestão de pessoas através do sistema de competências*: estratégias, processos, desempenho e remuneração – fundamentos e aplicação. Rio de Janeiro: Qualitymark, 2005.

SIMON, H. A. *Comportamento administrativo*: estudo dos processos decisórios nas organizações administrativas. Rio de Janeiro: Ed. da FGV, 1970.

SPECTOR, P. E. *Psicologia nas organizações*. São Paulo: Saraiva, 2004.

SROUR, R. H. *Ética empresarial*: posturas responsáveis nos negócios, na política e nas relações pessoais. 2. ed. Rio de Janeiro: Campus, 2003.

STEWART, T. A. *A riqueza do conhecimento*: o capital intelectual e a nova organização do século XXI. Rio de Janeiro: Campus, 2002.

STRAUB, R. O. *Psicologia da saúde*. Porto Alegre: Artmed, 2005.

TAMAYO, M. R.; TRÓCCOLI, B. T. Burnout no trabalho. In: MENDES, A. M.; BORGES, L. de O.; FERREIRA, M. C. *Trabalho em transição, saúde em risco*. Brasília: Ed. da UNB, 2002. p. 43-63.

TERRA, J. C. C. *Gestão do conhecimento e e-learning na prática*. Rio de Janeiro: Elsevier, 2003.

TERRA, J. C. C. *Gestão do conhecimento*: o grande desafio empresarial. São Paulo: Negócio Editora, 2001.

TERRA FORUM CONSULTORES. *7 dimensões da gestão do conhecimento*. Disponível em: <http://www.terraforum.com.br/sites/terraforum/Biblioteca/libdoc00000022v0017%20Dimensoes%20da%20Gestao%20do%20Conhecimento.pdf>. Acesso em: 26 nov. 2007.

THOMAS JUNIOR., R. R. *Beyond Race and Gender*: Unleashing the Power of your Total Work Force by Managing Diversity. New York: Amacon, 1991.

VASCONCELOS, I. F. G. de; MASCARENHAS, A. O. *Organizações em aprendizagem*. São Paulo: Thomson Learning, 2006. (Coleção Debates em Administração).

VERGARA, S. C. *Gestão de pessoas*. 2. ed. São Paulo: Atlas, 2000.

WATKINS, S. A.; RUEDA, M.; RODRIGUEZ, M. *What is Feminism*? Cambridge: Icon Books, 1992.

WEYMER, A. *Mapeamento de competências*. Disponível em: <http://www.fiepr.org.br/fiepr/cpce/uploadAddress/MAPEAMENTO%20%20COMPET%C3%8ANCIAS[29291].pdf>. Acesso em: 18 nov. 2007.

Gabarito

Capítulo 1
1. b
2. d
3. a

Capítulo 2
1. c
2. a
3. d

Capítulo 3
1. c
2. d
3. b

Capítulo 4
1. d
2. b
3. c

Capítulo 5
1. b
2. a
3. c

Capítulo 6
1. d
2. b
3. a

Capítulo 7
1. b
2. d
3. c

Capítulo 8
1. c
2. b
3. a

Capítulo 9
1. c
2. b
3. d

Capítulo 10
1. d
2. b
3. a

Impressão: Reproset
Março/2015